9
23

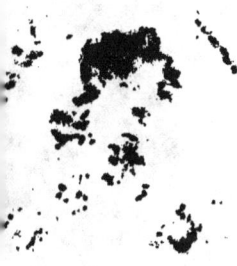

RÉFLEXIONS

SUR

L'ESCLAVAGE

DES NEGRES.

Par M. SCHWARTZ,

Pasteur du Saint - Evangile à Bienne ,
Membre de la Société économique de
*B****.*

À NEUFCHATE

Chez la SOCIÉTÉ TYPOGRAPHIQUE

M. DCC. LXXXI.

ÉPITRE

DÉDICATOIRE,

AUX

NEGRES ESCLAVES.

MES AMIS,

QUOIQUE je ne sois pas de la même couleur que vous, je vous ai toujours regardé comme mes freres. La nature vous a formés pour avoir le même esprit, la même raison, les mêmes vertus que les

Blancs. *Je ne parle ici que de ceux d'Europe, car pour les Blancs des Colonies, je ne vous fais pas l'injure de les comparer avec vous, je fais combien de fois votre fidélité, votre probité, votre courage ont fait rougir vos maîtres. Si on alloit chercher un homme dans les Isles de l'Amérique, ce ne seroit point parmi les gens de chair blanche qu'on le trouveroit.*

Votre suffrage ne procure point de places dans les Colonies, votre protection ne fait point obtenir de pensions, vous n'avez pas de quoi soudoyer des avocats; il n'est donc pas étonnant que vos maîtres trouvent plus de gens qui se déshonorent en défendant leur cause, que vous n'en avez trouvé qui se soient honorés en défendant la vôtre. Il y a même des pays où ceux qui voudroient écrire en votre faveur n'en

auroient point la liberté. Tous ceux qui
se sont enrichis dans les Isles aux dépens
de vos travaux & de vos souffrances, ont,
à leur retour, le droit de vous insulter
dans des libelles calomnieux ; mais il n'est
point permis de leur répondre. Telle est
l'idée que vos maîtres ont de la bonté de
leur droit ; telle est la conscience qu'ils ont
de leur humanité à votre égard. Mais
cette injustice n'a été pour moi qu'une raison de plus pour prendre, dans un pays
libre, la défense de la liberté des hommes.
Je sais que vous ne connoîtrez jamais cet
Ouvrage, & que la douceur d'être béni
par vous me sera toujours refusée. Mais
j'aurai satisfait mon cœur déchiré par le
spectacle de vos maux, soulevé par l'inso-
lence absurde des sophismes de vos tyrans.
Je n'emploierai point l'éloquence, mais la

raiſon, je parlerai, non des intérêts du commerce, mais des loix de la juſtice.

Vos tyrans me reprocheront de ne dire que des choſes communes, & de n'avoir que des idées chimériques ; en effet, rien n'eſt plus commun que les maximes de l'humanité & de la juſtice, rien n'eſt plus chimérique que de propoſer aux hommes d'y conformer leur conduite.

PRÉFACE

DES ÉDITEURS.

M. Schwartz nous ayant envoyé fon manufcrit, nous l'avons communiqué à M. le Pafteur B*******, l'un de nos affociés, qui nous a répondu que cet Ouvrage ne contenoit que des chofes communes, écrites d'un ftyle peu correct, froid & fans élévation ; qu'on ne le vendroit pas , & qu'il ne convertiroit perfonne.

Nous avons fait part de ces obfervations à M. Schwartz, qui nous a honorés de la lettre fuivante.

PRÉFACE

» Messieurs,

» Je ne suis ni un bel esprit Parisien,
» qui prétend à l'académie françoise, ni
» un politique Anglois, qui fait des
» pamphlets, dans l'espérance d'être élu
» membre de la chambre des Communes,
» & de se faire acheter, par la Cour,
» à la premiere révolution du ministere.
» Je ne suis qu'un bon homme, qui
» aime à dire franchement son avis à
» l'univers, & qui trouve fort bon que
» l'univers ne l'écoute pas. Je sais bien
» que je ne dis rien de neuf pour les
» gens éclairés, mais il n'en est pas moins
» vrai que, si les vérités qui se trouvent
» dans mon Ouvrage étoient si triviales
» pour le commun des François ou des
» Anglois, &c. l'esclavage des Negres

,, ne pourroit subsister. Il est très-possi-
,, ble cependant que ces réflexions ne
,, soient pas plus utiles au genre humain
,, que les Sermons que je prêche depuis
,, vingt ans, ne sont utiles à ma pa-
,, roisse, j'en conviens, & cela ne m'em-
,, pêchera pas de prêcher & d'écrire tant
,, qu'il me restera une goutte d'encre &
,, un filet de voix. Je ne prétends point
,, d'ailleurs vous vendre mon manuscrit.
,, Je n'ai besoin de rien, je restitue même
,, à mes paroissiens les appointemens de
,, Ministre que l'Etat me paye. On dit
,, que c'est aussi l'usage que font de leur
,, revenu tous les Archevêques & Evê-
,, ques du clergé de France, depuis l'an-
,, née 1750, où ils ont déclaré solem-
,, nellement à la face de l'Europe, que
,, leur bien étoit le bien des pauvres.

» J'ai l'honneur d'être avec refpect, &c.

» Signé JOACHIM SCHWARTZ,

avec paraphe.

Cette lettre nous a paru d'un fi bon homme, que nous avons pris le parti d'imprimer fon ouvrage. Nous en ferons pour nos frais typographiques, ou les lecteurs pour quelques heures d'ennui.

TABLE

DES MATIERES.

Fin de la Table.

RÉFLEXIONS

SUR

L'ESCLAVAGE

DES NEGRES.

I.

De l'injustice de l'esclavage des Negres,
considérée par rapport à leurs maîtres.

RÉDUIRE un homme à l'esclavage,
l'acheter, le vendre, le retenir dans la servitude, ce sont de véritables crimes, & des
crimes pires que le vol. En effet on dépouille
l'esclave, non-seulement de toute propriété
mobiliaire ou fonciere, mais de la faculté
d'en acquérir, mais de la propriété de son

A

tems, de ses forces, de tout ce que la nature lui a donné pour conserver sa vie ou satisfaire à ses besoins. A ce tort on joint celui d'enlever à l'esclave le droit de disposer de sa personne.

Ou il n'y a point de morale, ou il faut convenir de ce principe. Que l'opinion ne flétrisse point ce genre de crime, que la loi du pays le tolere ; ni l'opinion, ni la loi ne peuvent changer la nature des actions, & cette opinion seroit celle de tous les hommes, & le genre humain assemblé auroit, d'une voix unanime, porté cette loi, que le crime resteroit toujours un crime.

Dans la suite nous comparerons souvent avec le vol l'action de réduire à l'esclavage. Ces deux crimes, quoique le premier soit beaucoup moins grave, ont de grands rapports entr'eux ; & comme l'un a toujours été le crime du plus fort, & le vol celui du plus foible, nous trouvons toutes les questions sur le vol résolues d'avance & suivant de bons principes, par tous les moralistes, tandis que l'autre crime n'a pas même de nom dans leurs livres. Il faut excepter cependant le vol à main armée qu'on appelle *conquête*, & quelques autres efpeces de vols où c'eft également le plus fort qui dépouille le plus foible : les moraliftes font auffi muets fur ces crimes que fur celui de réduire des hommes à l'efclavage.

————————————————

I I.

Raifons dont on fe fert pour excufer l'ef-clavage des Negres.

ON dit, pour excufer l'efclavage des Negres achetés en Afrique, que ces malheureux font, ou des criminels condamnés au dernier fupplice, ou des prifonniers de guerre qui feroient mis à mort, s'ils n'étoient pas achetés par les Européens.

D'après ce raifonnement, quelques écrivains nous préfentent la traite des Negres comme étant prefque un acte d'humanité. Mais nous obferverons,

1°. Que ce fait n'eft pas prouvé & n'eft pas même vraifemblable. Quoi, avant que les Européens achetaffent des Negres, les Africains égorgeoient tous leurs prifonniers ! Ils tuoient non-feulement les femmes mariées, comme c'étoit, dit-on, autrefois l'usage chez une horde de voleurs orientaux, mais même les filles non mariées, ce qui n'a jamais été rapporté d'aucun peuple. Quoi ! si nous n'allions pas chercher des Negres en Afrique, les Africains tueroient les esclaves qu'ils destinent maintenant à être vendus. Chacun des deux partis aimeroit mieux assommer ses prisonniers que de les échanger ! Pour croire des faits invraisemblables, il faut des témoignages respectables, & nous n'avons ici que ceux des gens employés au commerce des Negres. Je n'ai jamais eu l'occasion de les fréquenter, mais il y avoit chez les Romains des hommes livrés au même commerce, & leur nom est encore une injure (*).

2°. En supposant qu'on sauve la vie du Negre qu'on achete, on ne commet pas moins

----

(*) Le nom ne signifioit d'abord que marchand d'esclaves, mais comme ces marchands vendoient de belles esclaves aux voluptueux de Rome, leur nom prit une autre signification. C'est là une suite nécessaire du métier de marchand d'esclaves ; aussi, même dans les pays assez barbares pour que cette profession ne fut point regardée comme criminelle, elle a toujours été infâme dans l'opinion.

un crime en l'achetant, si c'est pour le revendre ou le réduire en esclavage. C'est précisément l'action d'un homme qui, après avoir sauvé un malheureux poursuivi par des assassins, le voleroit : ou bien si on suppose que les Européens ont déterminé les Africains à ne plus tuer leurs prisonniers, ce seroit l'action d'un homme qui seroit parvenu à dégouter des brigands d'assassiner les passans, & les auroit engagés à se contenter de les voler avec lui. Diroit-on dans l'une ou dans l'autre de ces suppositions, que cet homme n'est pas un voleur ? Un homme qui, pour en sauver un autre de la mort, donneroit de son nécessaire, seroit sans doute en droit d'exiger un dédommagement ; il pourroit acquerir un droit sur le bien & même sur le travail de celui qu'il a sauvé, en prélevant cependant ce qui est nécessaire à la subsistance de l'obligé : mais il ne pourroit sans injustice le réduire à l'esclavage. On peut acquerir des droits sur la propriété future d'un autre homme, mais jamais sur sa personne. Un homme peut avoir le droit d'en forcer un autre à travailler pour lui, mais non pas de le forcer à lui obéir.

3°. L'excuse alléguée est d'autant moins

légitime, que c'est au contraire l'infame commerce des brigands d'Europe qui fait naître entre les Africains des guerres presque continuelles, dont l'unique motif est le desir de faire des prisonniers pour les vendre. Souvent les Européens eux-mêmes fomentent ces guerres par leur argent ou par leurs intrigues ; enforte qu'ils font coupables, non-seulement du crime de réduire des hommes à l'esclavage, mais encore de tous les meurtres commis en Afrique pour préparer ce crime. Ils ont l'art perfide d'exciter la cupidité & les passions des Africains, d'engager le pere à livrer ses enfans, le frere à trahir son frere, le prince à vendre ses sujets. Ils ont donné à ce malheureux peuple le goût destructeur des liqueurs fortes, ils lui ont communiqué ce poison qui, caché dans les forêts de l'Amérique, est devenu, graces à l'active avidité des Européens, un des fléaux du globe, & ils osent encore parler d'humanité.

Quand bien même l'excuse que nous venons d'alléguer disculperoit le premier acheteur, elle ne pourroit excuser ni le second acheteur, ni le colon qui garde le Negre, car ils n'ont pas le motif présent d'enlever à la mort l'esclave qu'ils achetent. Ils sont, par rapport au crime de réduire en esclavage, ce qu'est, par rapport à un vol, celui qui partage avec le voleur, ou plutôt celui qui charge un autre d'un vol & qui en partage avec lui le produit. La loi peut avoir des motifs pour traiter différemment le voleur & son complice ou son instigateur, mais en morale le délit est le même.

Enfin, cette excuse est absolument nulle pour les Negres nés dans l'habitation. Le maître qui les éleve pour les laisser dans l'esclavage est criminel, parce que le soin qu'il a pu prendre d'eux dans l'enfance ne peut lui donner sur eux aucune apparence de droit. En effet pourquoi ont-ils eu besoin de lui ? C'est parce qu'il a ravi à leurs parens, avec la liberté, la faculté de soigner leur enfant. Ce seroit donc prétendre qu'un premier crime peut donner le droit d'en commettre un second. D'ailleurs, supposons même l'enfant Negre abandonné librement de ses parens, le droit d'un homme sur un enfant abandonné, qu'il a élevé, peut-il être de le réduire à l'esclavage ? Une action d'humanité donneroit-elle le droit de commettre un crime ?

L'efclavage des criminels légalement condamnés n'eft pas même légitime. En effet,
une des conditions néceffaires pour que la
peine foit jufte, c'eft qu'elle foit déterminée
par la loi, & quant à fa durée & quant à fa
forme. Ainfi la loi peut condamner à des travaux publics, parce que la durée du travail,
la nourriture, les punitions en cas de pareffe
ou de révolte, peuvent être déterminées par
la loi, mais la loi ne peut jamais prononcer
contre un homme la peine d'être efclave d'un
autre homme en particulier, parce que la
peine dépendant alors abfolument du caprice
du maître, elle eft néceffairement indétermi-
née. D'ailleurs il eft auffi abfurde qu'atroce
d'ofer avancer que la plupart des malheureux
achetés en Afrique font des criminels. A-t-on
peur qu'on n'ait pas affez de mépris pour eux,
qu'on ne les traite pas avec affez de dureté ?
& comment fuppofe-t-on qu'il exifte un pays
où il fe commette tant de crimes, & où cependant il fe faffe une fi exacte juftice ?

I I I.

De la prétendue néceffité de l'efclavage des Negres, confidérée par rapport au droit qui peut en réfulter pour leurs maîtres.

ON prétend qu'il eft impoffible de cultiver les colonies fans Negres efclaves. Nous admettrons ici cette allégation, nous fuppoferons cette impoffibilité abfolue. Il eft clair qu'elle ne peut rendre l'efclavage légitime. En effet, fi la néceffité abfolue de conferver notre exiftence peut nous autorifer à bleffer le droit d'un autre homme, la violence ceffe d'être légitime à l'inftant où cette néceffité abfolue vient à ceffer : or il n'eft pas queftion ici de ce genre de néceffité, mais feulement de la perte de la fortune des colons. Ainfi demander fi cet intérêt rend l'efclavage légitime, c'eft demander s'il m'eft permis de conferver ma fortune par un crime. Le befoin abfolu que j'aurois des chevaux de mon voifin pour cultiver mon champ ne me donneroit pas le droit de voler fes chevaux ; pour-

quoi donc aurois-je le droit de l'obliger lui-
même par la violence à le cultiver ? Cette
prétendue nécessité ne change donc rien ici,
& ne rend pas l'esclavage moins criminel de
la part du maître.

I V.

Si un homme peut acheter un autre homme
de lui-même.

Un homme se présente à moi & me dit :
donnez-moi une telle somme & je serai votre
esclave. Je lui délivre la somme, il l'emploie librement (sans cela le marché seroit
absurde) ai-je le droit de le retenir en esclavage, j'entends lui seul, car il est bien
clair qu'il n'a pas eu le droit de me vendre
sa postérité, & quelle que soit l'origine de
l'esclavage du pere, les enfans naissent libres.

Je réponds que dans ce cas-là même, je ne
puis avoir ce droit. En effet, si un homme
se loue à un autre homme pour un an, par
exemple, soit pour travailler dans sa maison,
soit pour le servir, il a formé avec son maî-

tre une convention libre, dont chacun des
contractans a le droit d'exiger l'exécution.
Suppofons que l'ouvrier fe foit engagé pour
la vie, le droit réciproque entre lui & l'homme à qui il s'eft engagé doit fubfifter, com -
me pour une convention à tems. Si les loix
veillent à l'exécution du traité, fi elles re-
glent la peine qui fera impofée à celui qui
viole la convention, fi les coups, les injures
du maître font punies par des peines ou pé-
cuniaires ou corporelles (& pour que les loix
foient juftes, il faut que pour le même acte
de violence, pour le même outrage, la peine
foit auffi la même pour le maître & pour
l'homme engagé) fi les tribunaux annullent
la convention dans le cas où le maître eft
convaincu ou d'excéder de travail fon domef-
tique, fon ouvrier engagé, ou de ne pas
pourvoir à fa fubfiftance; fi, lorfqu'après
avoir profité du travail de fa jeuneffe, fon
maître l'abandonne, la loi condamne ce maître à lui payer une penfion : alors cet homme n'eft point efclave. Qu'eft-ce en effet que
la liberté confidérée dans le rapport d'un
homme à un autre? C'eft le pouvoir de faire
tout ce qui n'eft pas contraire à fes conven-

tions, & dans le cas où l'on s'en écarte, le droit de ne pouvoir être contraint à les remplir, ou puni d'y avoir manqué, que par un jugement légal. C'est enfin le droit d'implorer le secours des loix contre toute espece d'injure ou de léfion. Un homme a-t-il renoncé à ces droits, fans doute alors il devient esclave; mais auffi fon engagement devient nul par lui-même, comme l'effet d'une folie habituelle ou d'une aliénation d'esprit, causée par la paffion ou l'excès du befoin. Ainfi tout homme qui, dans fes conventions, a confervé les droits naturels que nous venons d'expofer, n'eft pas efclave, & celui qui y a renoncé, ayant fait un engagement nul, il eft auffi en droit de reclamer fa liberté que l'efclave fait par la violence. Il peut refter le débiteur, mais feulement le débiteur libre de fon maître.

Il n'y a donc aucun cas où l'efclavage même volontaire dans fon origine puiffe n'être pas contraire au droit naturel.

V.

De l'injuftice de l'efclavage des Negres ; confidérée par rapport au légiflateur.

Tout légiflateur , tout membre particulier d'un corps légiflatif, eft affujetti aux loix
de la morale naturelle. Une loi injufte qui
bleffe le droit des hommes , foit nationaux ,
foit étrangers, eft un crime commis par le
légiflateur , où dont ceux des membres du
corps légiflatif qui ont foufcrit à cette loi ,
font tous complices. Tolerer une loi injufte,
lorfqu'on peut la détruire , eft auffi un crime ;
mais ici la morale n'exige rien des légifla-
teurs au-delà de ce qu'elle prefcrit aux particuliers , lorfqu'elle leur impofe le devoir
de reparer une injuftice. Ce devoir eft abfolu
en lui-même , mais il eft des circonftances
où la morale exige feulement la volonté de
le remplir , & laiffe à la prudence le choix
des moyens & du tems. Ainfi dans la réparation d'une injuftice , le légiflateur peut avoir
égard aux intérêts de celui qui a fouffert de

l'injuſtice, & cet intérêt peut demander, dans la maniere de la reparer, des précautions qui entraînent des délais. Il faut avoir égard auſſi à la tranquillité publique, & les meſures néceſſaires pour la conſerver peuvent demander qu'on ſuſpende les opérations les plus utiles.

Mais on voit qu'il ne peut être ici queſtion que de délais, de formes plus ou moins lentes. En effet, il eſt impoſſible qu'il ſoit toujours utile à un homme, & encore moins à une claſſe perpétuelle d'hommes, d'être privés des droits naturels de l'humanité, & une aſſociation où la tranquillité générale exigeroit la violation du droit des citoyens ou des étrangers, ne ſeroit plus une ſociété d'hommes, mais une troupe de brigands.

Les ſociétés politiques ne peuvent avoir d'autre but que le maintien des droits de ceux qui les compoſent, ainſi toute loi contraire au droit d'un citoyen ou d'un étranger eſt une loi injuſte, elle autoriſe une violence, elle eſt un véritable crime. Ainſi la protection de la force publique accordée à la violation du droit d'un particulier, eſt un crime dans celui qui diſpoſe de la force publique. Si

cependant il exifte une forte de certitude
qu'un homme eft hors d'état d'exercer fes
droits , & que fi on lui en confie l'exercice,
il en abufera contre les autres, ou qu'il s'en
fervira à fon propre préjudice : alors la fociété
peut le regarder comme ayant perdu fes
droits, ou comme ne les ayant pas acquis.
C'eft ainfi qu'il y a quelques droits naturels
dont les enfans en bas âge font privés, dont
les imbécilles, dont les fous reftent déchus.
De même fi par leur éducation, par l'abru-
tiffement contracté dans l'efclavage, par la
corruption des mœurs, fuite néceffaire des
vices & de l'exemple de leurs maîtres, les
efclaves des colonies Européennes font deve-
nus incapables de remplir les fonctions d'hommes libres : on peut (du moins jufqu'au tems
où l'ufage de la liberté leur aura rendu ce
que l'efclavage leur a fait perdre) les traiter
comme ces hommes que le malheur ou la
maladie a privés d'une partie de leurs facul-
tés , à qui on ne peut laiffer l'exercice entier de leurs droits , fans les expofer à faire du
mal à autrui ou à fe nuire à eux-mêmes , &
qui ont befoin , non-feulement de la protection des loix, mais des foins de l'humanité.

Si un homme doit à la perte de ſes droits l'aſſurance de pourvoir à ſes beſoins, ſi en lui rendant ſes droits, on l'expoſe à manquer du néceſſaire, alors l'humanité exige que le légiſlateur concilie la ſureté de cet homme avec ſes droits. C'eſt ce qui a lieu dans l'eſclavage des noirs comme dans celui de la glebe.

Dans le premier, la caſe des Negres, leurs meubles, les proviſions pour leur nourriture appartiennent au maître. En leur rendant bruſquement la liberté, on les réduiroit à la miſere.

De même, dans l'eſclavage de la glebe, le cultivateur dont le champ, dont la maiſon appartient au maître, pourroit ſe trouver, par un changement trop bruſque, libre, mais ruiné.

Ainſi, dans de pareilles circonſtances, ne pas rendre ſur le champ à des hommes l'exercice de leurs droits, ce n'eſt ni violer ces droits, ni continuer à en protéger les violateurs, c'eſt ſeulement mettre dans la maniere de détruire 'es abus la prudence néceſſaire, pour que la juſtice qu'on rend à un malheureux devienne plus ſûrement pour lui un moyen de bonheur.

Le

Le droit d'être protégé par la force publique contre la violence, est un des droits
que l'homme acquiert en entrant dans la société; ainsi le législateur doit à la société de
n'y point admettre des hommes qui lui sont
étrangers & qui pourroient la troubler; il doit
encore à la société de ne point faire les loix,
même les plus justes, s'il présume qu'elles y
porteront le trouble, avant de s'être assuré
ou des moyens de prévenir ces troubles, ou
de la force nécessaire pour punir ceux qui
les causent avec le moindre danger possible
pour le reste des citoyens. Ainsi, par exemple, avant de placer les esclaves au rang des
hommes libres, il faut que la loi s'assure qu'en
cette nouvelle qualité, ils ne troubleront point
la sureté des citoyens, il faut avoir prévu tout
ce que la sureté publique peut, dans un premier moment, avoir à craindre de la fureur
de leurs maîtres offensés à la fois dans deux
passions bien fortes, l'avidité & l'orgueil, car
l'homme accoutumé à se voir entouré d'esclaves ne se console point de n'avoir que des
inférieurs.

Tels sont les seuls motifs qui puissent permettre au législateur de differer sans crime

B

la deſtruction de toute loi qui prive un homme de ſes droits.

La proſpérité du commerce, la richeſſe nationale ne peuvent être miſes en balance avec la juſtice. Un nombre d'hommes aſſemblés n'a pas le droit de faire ce qui, de la part de chaque homme en particulier, ſeroit une injuſtice. Ainſi l'intérêt de puiſſance & de richeſſe d'une nation doit diſparoître devant le droit d'un ſeul homme (*), autrement il n'y a plus de différence entre une ſociété réglée & une horde de voleurs. Si dix mille, cent mille hommes ont le droit de tenir un homme dans l'eſclavage, parce que leur intérêt le demande, pourquoi un homme fort comme Her-

---

(*) Ce principe eſt abſolument contraire à la doctrine ordinaire des politiques. Mais la plupart de ceux qui écrivent ſur ces objets ayant pour but ou d'avoir des places, ou de ſe faire payer par ceux qui en ont, ils n'auroient garde d'adopter des principes avec leſquels ils ne pourroient ni louer perſonne, ni trouver perſonne qui voulut les employer, ſauf une ou deux exceptions qu'on pourroit citer, comme par exemple, dans l'année 58 avant Jeſus-Chriſt & dans l'année 1775 après Jeſus-Chriſt.

cule n'auroit - il pas le droit d'affujettir un homme foible à fa volonté ? Tels font les principes de juftice qui doivent guider dans l'examen des moyens qui peuvent être employés pour détruire l'efclavage. Mais il n'eft pas inutile, après avoir traité la queftion dans ces principes de juftice, de la traiter fous un autre point de vue, & de montrer que l'efclavage des Negres eft auffi contraire à l'intérêt du commerce qu'à la juftice. Il eft effentiel d'enlever à ce crime l'appui même de ces politiques de comptoir ou de bureau, à qui la voix de la juftice eft étrangere & qui fe regardent comme des hommes d'état & de profonds politiques, parce qu'ils voient l'injuftice de fang froid & qu'ils la fouffrent, l'autorifent ou la commettent fans remords.

V I.

Les Colonies à sucre & à indigo ne peu-
vent-elles être cultivées que par des Negres
esclaves.

IL n'est pas prouvé que les Isles de l'Amérique ne puissent être cultivées par des Blancs :
à la vérité, les excès de Negresses & de liqueurs fortes peuvent rendre les Blancs incapables de tout travail. Leur avarice qui les
excite à se livrer avec excès à des travaux
qu'on leur paye très-cher, peut aussi les
faire périr ; mais si les Isles, au lieu d'être
partagées par grandes portions, étoient divisées en petites propriétés ; si seulement les
terres qui ont échappé à l'avidité des premiers colons, étoient divisées, par les gouvernemens ou par leurs cessionnaires, entre
des familles de cultivateurs, il est au moins
très-vraisemblable qu'il se formeroit bientôt
dans ces pays une race d'hommes vraiment
capables de travail. Ainsi le raisonnement
des politiques qui croient les Negres esclaves

néceſſaires, ſe réduit à dire : *Les Blancs
ſont avares, ivrognes & crapuleux, donc
les Noirs doivent être eſclaves.*

Mais ſuppoſons que les Negres ſoient néceſſaires, il ne s'enſuivroit pas qu'il fût néceſſaire d'employer des Negres eſclaves. Auſſi
on établit ſur deux autres raiſons cette prétendue néceſſité. La premiere ſe tire de la
pareſſe des Negres, qui ayant peu de beſoins, & vivant de peu, ne travailleroient
que pour gagner l'étroit néceſſaire ; c'eſt-à-
dire en d'autres termes, que l'avarice des
Blancs étant beaucoup plus grande que celle
des Negres, il faut rouer de coups ceux-ci
pour ſatisfaire les vices des autres. Cette
raiſon d'ailleurs eſt fauſſe. Les hommes après
avoir travaillé pour la ſubſiſtance, travail-
lent pour l'aiſance lorſqu'ils peuvent y prétendre. Il n'y a de peuples vraiment pareſ-
ſeux dans les nations civiliſées, que ceux
qui ſont gouvernés de maniere qu'il n'y auroit rien à gagner pour eux en travaillant
davantage. Ce n'eſt ni au climat, ni au ter-
rein, ni à la conſtitution phyſique, ni à l'eſprit national qu'il faut attribuer la pareſſe de
certains peuples ; c'eſt aux mauvaiſes loix

qui les gouvernent. Il feroit aifé d'établir
cette vérité par des exemples, en parcourant
tous les peuples, depuis l'Angleterre jufqu'au
Mogol, depuis la principauté de Neuchâtel
jufqu'à la Chine; feulement plus le fol eft
bon, plus la nation a de facilités naturelles
pour le commerce, plus il faut auffi que les
loix foient mauvaifes pour rendre le peuple
pareffeux. Il faudroit, par exemple, pour
détruire l'induftrie des Normands & des Hollandois, de bien plus mauvaifes loix que pour
détruire celle des Neuchatelois & des Sa-
voyards.

La deuxieme raifon en faveur de l'efclavage
des Negres fe tire de la nature des cultures
établies dans les Ifles. Ces cultures, dit-on,
exigent de grands atteliers, & le concours
d'un grand nombre d'hommes raffemblés.
D'ailleurs, leurs produits étant fujets à s'al-
térer en peu de tems, fi la culture étoit laif-
fée à des hommes libres, la recolte dépen-
droit du caprice des ouvriers. Cette feconde
raifon ne peut féduire aucun homme capable
de réflexion, ni même quiconque n'a point
paffé fa vie entiere dans l'enceinte d'une
ville. D'abord on auroit prouvé la même

chofe de la culture du bled, de celle du vin, dans le tems que l'Europe étoit cultivée par des efclaves. Et il eft auffi ridicule de foutenir qu'en Amérique on ne peut avoir de fucre ou d'indigo que dans de grands éta-bliffemens formés avec des efclaves, qu'il l'auroit été il y a dix-huit fiecles de préten-dre que l'Italie cefferoit de produire du bled, du vin ou de l'huile, fi l'efclavage y étoit aboli. Il n'eft pas plus néceffaire que le mou-lin à fucre appartienne au propriétaire du ter-rein, qu'il ne l'eft que le preffoir appartienne au propriétaire de la vigne, ou le four au propriétaire du champ de bled. Au contraire, en général dans toute efpece de culture, comme dans toute efpece d'art, plus le tra-vail fe divife, plus les produits augmentent & fe perfectionnent. Ainfi bien loin qu'il foit utile que le fucre fe prépare fous la direction de ceux qui ont planté la canne, il feroit plus utile que la canne fût achetée du propriétaire par des hommes dont le métier feroit de fa-briquer le fucre.

Il faut obferver que rien dans la culture de la canne à fucre ou de l'efpece de fenouil qui produit l'indigo, ne s'oppofe à ce que

B iv

les champs de cannes ou d'indigo ne foient partagés en petites parties & divifées, foit pour la propriété, foit pour l'exploitation. C'eft ainfi que la canne à fucre eft cultivée en Afie de tems immémorial. Chaque propriétaire d'un petit champ porte au marché le fucre de la canne qu'il a exprimée chez lui, & qu'il a converti en melaffe; & il vaudroit bien mieux encore qu'il vendît la canne, ou fur pied, ou coupée, à un manufacturier. C'eft auffi ce qui arriveroit en Afie, fi le gouvernement n'y étouffoit pas l'induftrie, & dans les Ifles, fi la culture y étoit libre.

Ce que nous venons de dire du fucre s'applique à l'indigo, & plus aifément encore au caffé ou aux épiceries. Il eft donc d'abord très-vraifemblable que les Negres ne font pas les feuls hommes qui puiffent remuer la terre en Amérique, & il eft certain que la culture par des Negres libres ne nuiroit, ni à la quantité, ni à la qualité des denrées, & au contraire, contribueroit à augmenter l'une en perfectionnant l'autre.

Le préjugé contraire a été accrédité par les colons, & peut-être de bonne foi. La raifon en eft fimple, ils n'ont pas diftingué le produit réel du produit net. En effet, faites cultiver par des efclaves, le produit net fera plus grand, parce qu'il ne vous en coutera, en frais de culture, que le moins qu'il eft poffible. Vous ne donnerez à vos efclaves. que la nourriture néceffaire, vous choifirez la plus commune & la moins chere, ils n'auront qu'une hutte pour maifon, à peine leur donnerez-vous un habillement groffier. Le journalier le plus preffé d'ouvrage exigeroit un falaire plus fort. D'ailleurs, un journalier veut tantôt gagner plus, pour former quelque capital, tantôt il veut fe referver du tems pour fe divertir; s'il emploie toutes fes forces, il faut que votre argent le dédommage de ce qu'il n'a pas fuccombé à fa pareffe. Avec des efclaves vous employez les coups de bâton, ce qui eft moins cher. Dans la culture libre, c'eft la concurrence réciproque des propriétaires & des ouvriers qui fixe le prix. Dans la culture efclave, le prix dépend abfolument de l'avidité du propriétaire. Mais auffi, dans la culture efclave, le produit brut eft plus foible; & au contraire, le produit brut fera plus confiderable dans la

culture libre. Ce n'eſt donc pas l'intérêt d'augmentation de culture qui fait prendre la défen-
ſenſe de l'eſclavage des Negres, c'eſt l'intérêt d'augmentation de revenu pour les colons.
Ce n'eſt pas l'intérêt patriotique plus ou
moins fondé, c'eſt tout ſimplement l'avarice
& la barbarie des propriétaires. La deſtruction de l'eſclavage ne ruineroit ni les colonies, ni le commerce; elle rendroit les colonies plus floriſſantes, elle augmenteroit le
commerce. Elle ne feroit d'autre mal que
d'empêcher quelques hommes barbares de
s'engraiſſer des ſueurs & du ſang de leurs
freres; en un mot, la maſſe entiere des hommes y gagneroit, tandis que quelques particuliers n'y perdroient que l'avantage de
pouvoir commettre impunément un crime
utile à leurs intérêts.

On a prétendu diſculper la traite des Negres, en ſuppoſant que l'importation des Negres eſt néceſſaire pour la culture. C'eſt encore une erreur: les femmes Negres ſont très-
fécondes; les habitations bien gouvernées
s'entretiennent, même ſous la ſervitude,
ſans importation nouvelle. C'eſt l'incontinence, l'avarice & la cruauté des Européens, qui

dépeuplent les habitations; & lorfqu'on proftitue les Negreffes pour leur voler enfuite
ce qu'elles ont gagné; lorfqu'on les oblige,
à force de traitemens barbares, de fe livrer, foit à leur maître, foit à fes valets;
lorfqu'on fait déchirer devant elles les Noirs
qu'on les foupçonne de préférer à leurs tyrans; lorfque l'avarice furcharge les Negres
de travail & de coups, ou leur refufe le
néceffaire; lorfqu'ils voient leurs camarades,
tantôt mis à la queftion, tantôt brûlés dans
des fours, pour cacher les traces de ces affaffinats, alors ils défertent, ils s'empoifonnent,
les femmes fe font avorter, & l'habitation
ne peut fe foutenir qu'en tirant d'Afrique
de nouvelles victimes. Il eft fi peu vrai que
la population des Negres ne puiffe fe foutenir par elle-même, qu'on voit la race des
Negres marons fe foutenir dans les forêts,
au milieu des rochers, quoique leurs maîtres s'amufent à les chaffer commé des bêtes fauves, & qu'on fe vante d'avoir affaffiné un Negre maron, comme en Europe
on tire vanité d'avoir tué par derriere un
daim ou un chevreuil.

Si les Negres étoient libres, ils fourniroient bientôt une nation floriffante. Ils font, dit-on, pareffeux, ftupides & corrompus, mais tel eft le fort de tous les efclaves. Quand Jupiter réduit un homme à la fervitude, dit Homere, il lui ôte la moitié de fa cervelle. Les Negres font naturellement un peuple doux, induftrieux, fenfible ; leurs paffions font vives ; fi on raconte d'eux des crimes atroces, on peut en citer auffi des traits héroïques. Mais qu'on interroge tous les tyrans, ils apporteront toujours pour excufes de leurs crimes les vices de ceux qu'ils oppriment, quoique ces vices font par-tout leur propre ouvrage.

VII.

Qu'il faut détruire l'esclavage des Negres,
& que leurs maîtres ne peuvent exiger
aucun dédommagement.

IL suit de nos principes que cette justice inflexible, à laquelle les Rois & les nations sont assujettis, comme les citoyens, exige la destruction de l'esclavage.

Nous avons montré que cette destruction ne nuiroit ni au commerce, ni à la richesse de chaque nation, puisqu'il n'en resulteroit aucune diminution dans la culture.

Nous avons montré que le maître n'avoit aucun droit sur son esclave, que l'action de le retenir en servitude n'est pas la jouissance d'une propriété, mais un crime; qu'en affranchissant l'esclave, la loi n'attaque pas la propriété, mais cesse de tolerer une action qu'elle auroit dû punir par une peine capitale. Le Souverain ne doit donc aucun dédommagement au maître des esclaves, de même qu'il n'en doit pas à un voleur, qu'un juge-

ment a privé de la poſſeſſion d'une choſe vo-
lée. La tolerance publique d'un crime abſóut
de la peine, mais ne peut former un véritable droit ſur le profit du crime.

Le Souverain peut, à plus forte raiſon,
mettre à l'eſclavage toutes les reſtrictions
qu'il jugera convenables, & aſſujettir le maître aux taxes, aux gênes qu'il voudra lui im-
poſer. Une taxe ſur les terres, ſur les per-
ſonnes, ſur les conſommations, peut être
injuſte, parce qu'elle attaque la propriété &
la liberté, toutes les fois qu'elle n'eſt pas une
condition, ou néceſſaire au maintien de la
ſociété, ou utile à celui qui paye l'impôt.
Mais, puiſque les poſſeſſeurs d'eſclaves n'ont
point ſur eux un véritable droit de propriété,
puiſque la loi qui les ſoumettroit à des taxes,
leur conſerveroit la jouiſſance d'une choſe,
dont non-ſeulement elle a droit de les pri-
ver, mais que le légiſlateur eſt même obligé
de leur ôter, s'il veut être juſte : cette loi
ne ſauroit être injuſte à leur égard, par quelque ſacrifice pécuniaire qu'elle leur fît acheter
une plus longue impunité de leur crime.

V I I I.

Examen des raisons qui peuvent empêcher la puissance législatrice des Etats où l'esclavage des Noirs est toléré, de remplir par une loi d'affranchissement général le devoir de justice qui l'oblige à leur rendre la liberté.

POUR que l'affranchissement n'entraînât après lui aucun désordre, il faudroit :

1º. Que le gouvernement pût assurer la subsistance aux vieux Negres & aux Negres infirmes ; que dans l'état actuel, leurs maîtres ne laissent pas, du moins absolument, mourir de faim (*).

2º. Qu'on pourvût à la subsistance des Negres orphelins.

3º. Qu'on assurât, du moins pour une

_____

(*) Voyez l'ouvrage intitulé, *Voyage à l'Isle de France*, par un Officier du Roi : c'est un des ouvrages où la maniere dont les Negres sont traités est exposée avec le plus de vérité.

année, le logement & la subsistance à ceux des Negres valides qui, dans cet instant de crise, n'auroient pas trouvé à se louer, par un traité libre, à des possesseurs d'habitations.

A la vérité, on auroit droit d'exiger que les frais de ces établissemens fussent faits aux dépens des maîtres. Ils doivent des alimens aux Negres qui ont perdu, à leur service, ou leur santé, ou la partie de leur vie qu'ils pouvoient donner au travail. Ils doivent des alimens aux enfans, dont les peres morts dans leurs fers, n'ont pu laisser d'héritage. Ils doivent des alimens pour un tems à tous leurs esclaves, parce que la servitude les a empêchés de se procurer les avances nécessaires pour attendre le travail. Ces obligations sont strictes, indispensables; & si le gouvernement s'en chargeoit, à la place des maîtres, ce seroit une sorte d'injustice qu'il feroit au reste de la nation, en faveur des colons, il aggraveroit le fardeau des impôts sur des innocens, pour épargner les coupables. Aussi, le seul moyen juste & compatible avec l'état où se trouveroient alors les possesseurs des Negres, seroit un emprunt public, remboursable par un impôt, levé fur les feules terres des colons.

4°. Comme il feroit à craindre que les Negres, accoutumés à n'obéir qu'à la force & au caprice, ne puffent être contenus, dans le premier moment, par les mêmes loix que les Blancs ; qu'ils ne formaffent des attroupemens, qu'ils ne fe livraffent au vol, à des vengeances particulieres & à une vie vagabonde dans les forêts & les montagnes ; que ces défordres ne fuffent fomentés en fecret par les Blancs, qui efpéreroient en tirer un prétexte pour obtenir le rétabliffment de l'efclavage : il faudroit affujettir les Negres, pendant les premiers tems, à une difcipline févere, réglée par des loix : il faudroit confier l'exercice du pouvoir à un homme humain, ferme, éclairé, incorruptible, qui fut avoir de l'indulgence pour l'ivreffe où ce changement d'état plongeroit les Negres ; mais fans leur laiffer l'efpérance de l'impunité, & qui méprifât également l'or des Blancs, leurs intrigues & leurs menaces.

5°. Il faudroit peut-être fe refoudre à perdre, en partie, la récolte d'une année. Ce n'eft point par rapport aux propriétaires que

C

nous confiderons cette perte comme un mal. Si un homme a labouré fon champ avec des chevaux qu'il a volés, & qu'on le force à les reftituer, perfonne n'imaginera de le plaindre de ce que fon champ reftera en friche l'année d'après. Mais il réfulteroit, de cette diminution de récolte, un enchériffement de la denrée, une perte pour les créanciers des colons. Nous fentons que de pareilles raifons ne peuvent contre-balancer les raifons de juftice, qui obligent le légiflateur, fous peine de crime, à détruire un ufage injufte & barbare. Qui s'aviferoit de tolerer le vol, parce que les effets volés fe vendent meilleur marché? Qui oferoit mettre en balance l'obligation rigoureufe de reftituer, qu'on force un voleur de remplir, avec le rifque que cette reftitution pourroit faire effuyer à fes créanciers? Nous n'ignorons point enfin que cette perte, auffi bien que le défaut d'ouvrages, qui pourroit, dans les premiers inftans, expofer une partie des Negres à la mifere ou au crime, feroit, non l'effet néceffaire de la révolution, mais la fuite de l'humeur des propriétaires, & nous n'en parlons que pour ne paffer fous filence aucun des inconvéniens

dont un affranchiffement général pourroit être
fuivi.

6°. On ne peut diffimuler que les Negres
n'aient en général une grande ftupidité : ce
n'eft pas à eux que nous en faifons le repro-
che, c'eft à leurs maîtres. Ils font baptifés,
mais dans les colonies romaines on ne les
inftruit point du peu de morale que renfer-
ment les catéchifmes vulgaires de cette églife.
Ils font également négligés par nos miniftres.
On fent bien que les maîtres n'ont eu garde
de s'occuper de leur infpirer une morale fon-
dée fur la raifon. Les relations de la nature
ou n'exiftent point, ou font corrompues dans
les efclaves. Les fentimens naturels à l'homme, ou ne naiffent point dans leur ame, ou
font étouffés par l'oppreffion. Avilis par les
outrages de leurs maîtres, abattus par leur
dureté, ils font encore corrompus par leur
exemple. Ces hommes font-ils dignes qu'on
leur confie le foin de leur bonheur & du
gouvernement de leur famille ? ne font-ils pas
dans le cas des infortunés, que des traitemens
barbares ont, en partie, privés de la raifon ;
& dès lors, quelle que foit la caufe qui les
ait rendus incapables d'être hommes, ce que

le légiſlateur leur doit, c'eſt moins de leur rendre leurs droits que d'aſſurer leur bien-être.

Telles ſont les raiſons qui nous ont fait croire, que le parti de ne point rendre à la fois, à tous les Negres, la jouiſſance de leurs droits, peut n'être pas incompatible avec la juſtice. Ces raiſons paroîtront, ſans doute, très-foibles aux amis de la raiſon, de la juſtice & de l'humanité. Mais un affran-chiſſement général demanderoit des dépenſes, des préparatifs; il exigeroit, dans ſon exé-cution, une ſuite & une fermeté, dont un très-petit nombre d'hommes ſeroient capa-bles. Cependant il faudroit que pluſieurs hommes réuniſſent à ces qualités le déſinté-reſſement, l'amour du bien & le courage, il faudroit que ſa révolution fût l'effet de la volonté propre d'un Souverain, appuyée par l'opinion publique, ou de celle d'un corps légiſlatif dont l'eſprit fût conſtant. Car ſi le plan, ſi l'exécution dépendent de la volon-té d'un ſeul homme, de l'activité de quel-ques coopérateurs, bientôt tous éprouveroient le ſort que le genre humain, toujours igno-rant & barbare, a fait éprouver à quiconque

a ofé défendre le foible contre le fort , & oppofer la juftice à l'efprit d'avidité & d'intérêt ; & cet exemple effrayant , joint aux
préjugés que les partifans des abus ont fu
répandre contre les nouveautés , fuffiroit pour
prolonger de plufieurs fiecles l'efclavage des
Negres.

I X.

Des moyens de détruire l'esclavage des Negres par degrés.

S<small>I</small> les raisons que nous venons d'exposer paroissent suffisantes pour ne point employer le seul moyen de détruire l'esclavage, qui soit rigoureusement conforme à la justice ; il y en a d'autres qui peuvent, du moins à la fois, adoucir l'état des Negres dès les premiers instans, & procurer la destruction entiere de l'esclavage à une époque fixe & peu éloignée. Mais si nous les proposons, c'est en gémissant sur cette espece de consentement forcé que nous donnons pour un tems à l'injustice, & en protestant que c'est la crainte seule de voir traiter l'affranchissement général comme un projet chimérique, par la plupart des politiques, qui nous fait consentir à proposer ces moyens.

1°. Il ne peut y avoir, pour les gouvernemens, aucun prétexte pour tolerer, ni la traite des Negres faite par les négocians nationaux, ni aucune importation d'esclaves. Il faut donc défendre absolument cet horrible trafic, mais ce n'est point comme contrebande qu'il faut le prohiber, c'est comme crime; ce n'est point par des amendes qu'il faut le punir, mais par des peines corporelles & déshonorantes. Celles que, dans chaque pays on décerne contre le vol, pourroient suffire. Nous ne faisons, sans doute, aucune comparaison entre un voleur, & un homme qui trafique de la liberté d'un autre homme, qui enleve de leur patrie les hommes, les femmes, les enfans; les entasse, enchaînés deux à deux, dans un vaisseau, calcule leur nourriture, non sur leurs besoins, mais sur son avarice; qui leur lie les mains pour les empêcher de mourir; qui, s'il est pris de calme, jette tranquillement à la mer ceux dont la vente seroit le moins avantageuse, comme on se débarrasse d'abord des plus viles marchandises. On peut commettre des vols & n'avoir point étouffé tous les sentimens de l'humanité, tous les penchans de la nature, sans avoir perdu toute élévation d'ame, toute idée de vertu; mais il ne peut rester à un homme qui fait le commerce des Négres, ni aucun sentiment, ni aucune vertu, ni même aucune probité; s'il en conservoit quelque apparence, ce seroit de cette probité des brigands, qui fideles à leurs coupables engagemens, bornent leur morale à ne point se voler entr'eux. Cette premiere disposition de la loi adouciroit le sort des Negres dans le premier moment, parce que les propriétaires auroient un intérêt beaucoup plus grand de conserver leurs esclaves (*).

La seconde disposition auroit pour objet l'affranchissement des Negres qui naissent dans

---

(*) Plusieurs des colonies Angloises de l'Amérique Septentrionale ont prohibé l'importation des Negres, il y a déja quelques années. Ce n'est pas le seul exemple d'humanité & de raison qu'elles donneront à l'Europe, si leurs préventions en faveur de la constitution & des principes politiques de l'Angleterre, si les préjugés de l'esprit mercantile, si la fureur pour le papier-monnoie & l'agiotage des effets de banque, n'y viennent pas détruire les sentimens d'amour de la paix, de respect pour l'humanité, de tolérance, de zele pour le maintien de l'égalité, qui paroissent caractériser ce bon peuple.

les habitations, & qu'on ne peut avoir aucun prétexte de foumettre à l'efclavage. Un officier général de la marine de France, diftingué par fes lumieres & fon humanité (*), a

_____

(*) M. de Bori, chef d'efcadre, ci-devant gouverneur des Ifles françoifes. Il y a quelque tems que les habitans de la Jamaïque s'affemblerent pour prononcer fur le fort des mulâtres, & pour favoir fi, attendu qu'il étoit prouvé phyfiquement que leur pere étoit Anglois, il n'étoit pas à propos de les mettre en jouiffance de la liberté & des droits qui doivent appartenir à tout Anglois. L'affemblée penchoit vers ce parti, lorfqu'un zélé défenfeur des privileges de la chair blanche s'avifa d'avancer que les Negres n'étoient pas des êtres de notre efpece, & de le prouver par l'autorité de Montefquieu; alors il lut une traduction du chapitre de l'*Efprit des loix* fur l'efclavage des Negres. L'affemblée ne manqua point de prendre cette ironie fanglante contre ceux qui tolerent cet exécrable ufage, ou qui en profitent pour le véritable avis de l'auteur de l'*Efprit des loix*; & les mulâtres de la Jamaïque refterent dans l'oppreffion. Cette anecdote m'a été certifiée par M. d'Hele, officier Anglois, connu en France par plufieurs pieces qu'il a données à la comédie de Paris.

Chez les habitans des Philippines, les enfans naturels des femmes efclaves naiffent libres, & la

proposé de déclarer libres tous les enfans qui naîtroient mulâtres. En effet, ils n'ont été mis au nombre des esclaves que par une application ridicule de la loi romaine, *Partus ventrem sequitur*.

Il est singulier peut-être qu'une loi tyrannique, établie par des brigands sur les rives du Tibre, renouvellée par le mari d'une courtisanne sur les bords de la Propontide, fasse encore au bout de deux mille ans, des malheureux dans les mers de l'Amérique. Mais enfin cette loi ne pouvoit avoir qu'un motif, la certitude de la mere, & l'incertitude du pere : ici le pere est aussi certain que la mere, on sait qu'il est blanc, & libre par conséquent. La maxime, *Partus colorem*

---

mere le devient. A l'Isle de France l'un & l'autre font esclaves. M. le Gentil y a vu avec horreur des peres vendre leur propre enfant avec la mere. Le Gentil, *Voyage dans les mers de l'Inde, Tome II, page* 72. Voyez ce qu'il dit dans le même volume des habitans de Madagascar ; c'est un nouveau déclamateur, dont il faut augmenter la liste de ceux qui ne trouvent pas que l'esclavage des Negres soit une invention fort juste, fort humaine & fort utile.

sequitur, paroît donc bien plus jufte, &
(puifqu'il faut toujours citer quelques axiomes
de droit) plus conforme à cette regle fi ancienne, que, dans les cas douteux, la déci-
fion doit pencher vers la douceur & en faveur de l'opprimé.

Nous ne voyons à cette loi, jufte en elle-
même, qu'un feul inconvénient, les traitemens barbares dont on accableroit les Negreffes foupçonnées de porter dans leur fein
un enfant inutile à leur maître, les cruautés
qu'on exerceroit fur celles qui auroient été
convaincues de ce crime, & la néceffité d'a-
voir un établiffement public pour ces enfans.

L'affranchiffement de tous les enfans à
naître, noirs ou mulâtres, a les mêmes inconvéniens. A la vérité, dans ce cas, l'intérêt bien entendu des maîtres ne feroit pas
d'empêcher de naître des gens dont les bras
doivent un jour leur devenir utiles ; mais
cette idée de fe referver, pour un tems
éloigné, un homme dont il faudroit payer le
falaire, frapperoit moins un colon que la perte
du travail des Negreffes groffes. Ainfi ces loix
juftes, dictées par l'humanité, deviendroient
une fource de crimes.

Nous proposerons donc , non d'affranchir les Negres à naître au moment de leur naissance , mais de laisser aux maîtres la liberté de les élever & de s'en servir comme esclaves , à condition qu'ils deviendront libres à l'âge de trente-cinq ans ; le maître étant obligé , à cette époque de liberté , de leur avancer les vivres , l'entretien pour six mois, & une pension alimentaire pour la vie , s'ils font estropiés ou jugés hors d'état de travailler , par un médecin chargé de cette inspection. Si le maître refusoit de se charger de l'enfant, il seroit déclaré libre , & porté à un établissement public. La mere seroit transportée au même établissement avant l'époque de ses couches, & y resteroit une année après l'accouchement; terme auquel on fixeroit le tems nécessaire pour allaiter son enfant ; cette perte de travail seroit un petit sacrifice que les colons feroient à l'humanité , & une bien foible compensation pour tant d'outrages.

On auroit sans doute tout lieu de craindre, que les maîtres qui ne voudroient pas se charger d'enfans , ne fissent avorter les Negresses à force de travaux ou de mauvais traitemens. On peut diminuer ce danger, en ordonnant, chaque deux mois, une visite dans toutes les habitations ; cette visite, faite par un médecin ou un chirurgien, accompagné d'un homme public, constateroit l'état de grossesse de chaque Negresse. Dans le cas où l'avortement auroit lieu, si les gens de l'art, destinés à cette fonction, étant appellés à tems, le jugeoient produit par la fatigue ou par les mauvais traitemens, la Negresse seroit guérie aux dépens du maître, déclarée libre, & le maître condamné à lui payer des alimens, soit pour le tems où il sera jugé qu'elle est hors d'état de travailler, & pour six mois de plus ; soit pour la vie, si ses infirmités sont incurables. Si l'on ne représentoit point l'enfant d'une Negresse, inscrite parmi les femmes grosses, & que le médecin n'eut pas été appellé pour constater la naissance de l'enfant ou l'avortement ; la Negresse seroit déclarée libre. Il n'y auroit point d'injustice dans cette loi, le législateur ayant non - seulement le droit, mais étant obligé, par la justice, de détruire tout esclavage. L'affranchissement d'une Negresse, fait sans motifs, ou même en vertu d'une erreur, eſt toujours une choſe juſte. Le maître eſt dans le cas d'un homme à qui l'on auroit permis de voler, ſur un grand chemin, toutes les femmes qui ne ſeroient pas groſſes, & à qui on feroit reſtituer ce qu'il a volé à l'une d'elles, parce qu'on ſe ſeroit trompé ſur ſon état. Quant aux alimens exigés du maître, quelle que ſoit la cauſe de l'état d'infirmité où ſe trouve un eſclave, il eſt de l'exacte juſtice d'obliger le maître à lui donner des alimens, parce que l'on peut toujours ſuppoſer que ſi l'eſclave eût été libre, & né de parens libres, il eût pu épargner ou hériter un pécule ſuffiſant pour ſubvenir à ſes beſoins.

On déclareroit libres à quarante ans, les Negres qui ſeroient au-deſſous de quinze ans, au moment de la publication de la loi. Quant à ceux qui ſeroient alors au-deſſus de quinze ans, du moment où ils auroient atteint cinquante ans, il leur ſeroit demandé, à une viſite générale faite deux fois chaque année, ce qu'ils préferent, ou de reſter chez leur maître, ou d'entrer dans un établiſſement public, dans lequel ils ſeroient nourris; & s'ils choiſiſſent cette maiſon, leur maître qui a profité du travail de toute leur vie, feroit obligé de payer une penfion annuelle, fixée par la loi. Cette condition ne feroit pas in-jufte à l'égard du maître ; après avoir exercé, pendant cinquante ans, une injuftice horrible fur ces malheureux, après avoir profité plus de trente ans de leur travail, il leur doit, en vertu du droit de la nature, & indépen-damment de toute loi, non-feulement la nourriture, mais un dédommagement. Ce-pendant nous refpectons trop l'avarice des maîtres pour rien demander au-delà de la plus fimple nourriture.

On pourroit craindre que ce changement ne rendît plus dur le fort des Negres actuel-lement efclaves. Ainfi il y faudroit pourvoir par une autre difpofition de la loi. Dans les vifites faites chaque deux mois, tout Negre, fur le corps duquel le médecin trouveroit des marques de mauvais traitemens, feroit déclaré libre, tout Negre malade, & qui manqueroit des fecours néceffaires, d'après l'examen du médecin, feroit déclaré libre, tranfporté hors de l'habitation, guéri aux dé-pens du maître, & nourri à fes frais, jufqu'à ce qu'il fût en état de travailler. En général,

la penſion de tout Negre hors d'état de travailler, ſeroit toujours, ou pour tout le tems
que peut durer ſon infirmité, ou pour la vie,
s'il eſt aſſez malheureux pour que ſon infirmité ne puiſſe avoir d'autre terme. Si le
Negre déclaré libre eſt encore enfant, ou
s'il eſt au-deſſus de quarante-cinq ans, le
maître ſera condamné à lui payer chaque année la ſomme que peut valoir la nourriture
d'un Negre, ou juſqu'à l'âge de quinze ans,
ou juſqu'à ſa mort.

Nous ne parlons, dans ce dernier article,
que des Noirs qui peuvent reſter eſclaves à
perpétuité, & de leurs enfans. Les eſclaves
engagés juſqu'à trente-cinq ans ſont des citoyens capables d'avoir action devant les tribunaux, pour forcer leurs maîtres à tenir
les conventions faites en leur nom par la
loi, ou les faire punir de les avoir violées;
ils peuvent donc demander également juſtice
pour leurs enfans. Ainſi, non-ſeulement il
faudroit que cette claſſe de Negres obtint la
liberté & les dédommagemens dans le même
cas que les autres, mais on ne pourroit leur
ôter le droit d'appeller leurs maîtres devant
les tribunaux lorſqu'ils ſe croiroient lézés.

En

En effet, ils ne font point réellement efclaves, ils ne font que des domeftiques engagés
à tems.

On regleroit pour eux une forme de ma-
riage, pour laquelle, pendant le tems de
l'engagement, le confentement du maitre
feroit néceffaire fi les deux époux n'étoient
pas fur fon habitation, ou que l'un d'eux
fût efclave non engagé. La naiffance, la
mort de chaque Negre feroit conftatée légalement; tout Negre que l'on trouveroit dans
une habitation, fans que fa naiffance fût conftatée, feroit déclaré libre. Si un Negre,
homme ou femme, a difparu, fans que le
maitre puiffe prouver qu'il a pris la fuite,
l'officier public délivrera, à fon choix, deux
efclaves du même fexe, entre vingt & trente
ans (*). Le maitre fera tenu de nourrir les

_____

(*) Il n'eft peut-être pas inutile de répéter ici que
cette difpofition n'eft point injufte, quand même
le maitre feroit innocent de la difparition de l'efclave; en effet, comme on l'a déja dit, ce n'eft
pas feulement deux efclaves, mais tous les efclaves,
que le légiflateur a le droit, & même eft dans l'o-
bligation d'affranchir.

enfans des efclaves engagés à tems, puifqu'il a profité & qu'il profite encore du travail de leurs parens. Ces enfans deviendroient libres à l'époque de la liberté de leur pere; & à celle de la liberté de leur mere, fi le pere étoit mort efclave, ou qu'il fût de la claffe des efclaves perpétuels; ou enfin, que l'enfant fût illégitime.

Ce feroit à l'âge de dix-huit ans qu'on accorderoit aux enfans mâles ou femelles des Negres efclaves perpétuels, le droit d'intenter une action perfonnelle contre leur maître.

Si l'action étoit admife, ils feroient, pendant la durée de l'action, placés aux dépens du maître, dans un établiffement public.

Il y auroit dans chaque colonie, ou dans chaque canton, un officier public chargé fpécialement de défendre les caufes des Negres, & le même officier feroit le tuteur des enfans des Negres efclaves au-deffous de dix-huit ans, & pourroit pourfuivre les maîtres lorfqu'il jugeroit que leur délit ne feroit point affez puni par l'affranchiffement de ces enfans engagés, & la condamnation à leur payer des alimens.

Enfin, on formeroit un tarif, fixant le prix moyen de la valeur d'un Negre, suivant les differens âges, pour les differentes époques d'engagement ; & tout Negre qui offriroit, ou pour qui on offriroit à son maître la somme fixée par le tarif, seroit libre du moment où l'offre seroit déposée chez un officier public. Cet article auroit sur-tout l'avantage de délivrer les Negresses de tout ce que la débauche & la férocité de leurs maîtres les exposent à souffrir. L'humanité ou même l'incontinence les auroient bientôt délivrées ; car ce ne seroit point pour les faire changer d'esclavage, mais seulement pour les affranchir, qu'il seroit permis de les racheter. Si, après avoir eu connoissance du dépôt fait chez l'officier public, un homme détenoit l'esclave contre sa volonté ; s'il retenoit un esclave au-dessus du terme que la loi a fixé à l'esclavage, alors, & dans tous les cas semblables, le maître se seroit rendu coupable du crime de retenir un homme libre dans l'esclavage, & devroit être puni comme pour un vol.

Cette législation n'auroit aucun des inconvéniens qu'on suppose toujours aux change-

mens trop brufques, puifque les affranchiffe-
mens ne fe feroient que peu à peu. Elle donneroit à la fois, aux colons, le tems de changer infenfiblement leur méthode de cultiver,
de fe procurer les moyens de faire exploiter
leurs terres, foit par des Blancs, foit par
des Noirs libres, & au gouvernement, celui
de changer le fyftême de la police & de la
légiflation des colonies.

Il en réfulteroit, qu'en portant à cinquante
ans le terme de la fécondité des Negreffes,
& à foixante-cinq celui de la vie des Negres,
il ne refteroit plus aucun efclave dans les
colonies au bout de foixante & dix ans; que
la claffe des Negres, efclaves pour leur vie,
finiroit au bout de cinquante; qu'à cette époque même, celle des Negres engagés feroit
peu nombreufe; qu'enfin, après trente-cinq
à quarante ans, le nombre des Negres efclaves
feroit prefque anéanti, & même celui des
Negres engagés dans l'efclavage pour un tems,
réduit tout au plus au quart du nombre actuel.

X.

Sur les projets pour adoucir l'esclavage des Negres.

NOUS avons proposé les loix qui nous ont paru les plus sûres pour détruire graduell — ment l'esclavage, & pour l'adoucir tant qu'il subsistera. On pourroit imaginer que des loix semblables aux dernieres seroient capables, non de rendre l'esclavage légitime, mais de le rendre moins barbare & compatible, sinon avec la justice, du moins avec l'humanité.

Nous croyons de pareilles précautions insuffisantes pour adoucir l'esclavage, elles ne peuvent être utiles qu'autant qu'elles ne seront établies que pour un espace de tems limité, & qu'elles ne feront qu'accompagner un système d'affranchissement. Dans les moyens que nous avons employés, la seule peine du maître est la liberté de l'esclave, ou tout au plus une petite pension; & comme nous l'avons dit, l'une & l'autre sont exigibles dans l'ordre de la justice naturelle, quand même

le maître n'auroit jamais abufé de fon pouvoir. Ce font des dédommagemens néceffaires
du tort qu'il a fait à fon efclave en le retenant dans l'efclavage, crime qui n'a pas befoin d'une information pour être conftaté.
Cette néceffité de reparer le crime qu'on a
commis eft une conféquence du droit naturel, & n'a befoin d'être reglée d'avance par
aucune loi. Ainfi il eft jufte de condamner
celui qui enleve à fon femblable l'ufage de
la liberté, à reparer fon tort, fans qu'il ait
été néceffaire de l'avertir par aucune loi
qu'il s'expofe à cette condamnation en com-
mettant le crime ; ou de prouver qu'il a
joint à ce premier crime, ou des outrages,
ou de mauvais traitemens. Mais pour infliger d'autres peines que cette réparation, il
faut, 1°. qu'elles aient été établies par une
loi expreffe, antérieure au crime, 2°. que
l'action particuliere pour laquelle on les in-
flige, ait été légalement prouvée. Cependant
ces fimples reparations ne feroient pas une
peine fuffifante pour arrêter les violences des
maîtres. Un homme qui aura fait donner la
queftion à fes Negres, qui les aura fait brûler à petit feu, mérite des punitions d'un autre

ordre ; or, pour lui infliger ces punitions, il ne fuffit point de les établir par une loi, il faut que le crime foit prouvé. Seroit-il jufte d'admettre, dans ce cas, le témoignage des Negres contre leurs maîtres. Quelques publiciftes pourroient le penfer. Ils diroient : *Les maîtres n'ont aucun droit d'avoir des efclaves ; on confent qu'ils en aient, à condition que, s'ils font accufés d'un crime contre un de leurs efclaves, ils pourront être condamnés par le témoignage des autres. C'eft librement, c'eft pour fe conferver le droit, fi cher à leurs yeux, de violer tous les droits de la nature, qu'ils s'expofent à ne plus jouir des précautions que la loi a prifes pour défendre la fureté des citoyens. Qu'ils affranchiffent leurs efclaves, qu'ils foient juftes, & la fociété le fera avec eux.* Nous croyons qu'on peut oppofer à ce raifonnement, non-feulement l'injuftice d'une telle loi, qui fuit évidemment des principes que nous avons établis *page 8*, mais l'encouragement qu'elle donneroit aux vices des efclaves. D'un autre côté, fi on n'admet pas le témoignage des Negres, toute preuve de délits commis par le maître devient impoffible.

D'ailleurs, toute loi qui tendra à adoucir l'esclavage, tombera en désuétude : les hommes chargés de veiller à son exécution, iront-ils poursuivre le colon dont ils veulent épouser la fille, avec qui ils passent leur vie, pour soulager de miserables Negres ? A-t-on vu quelque part le pauvre obtenir justice contre le riche, toutes les fois qu'il n'y a point plus à gagner à poursuivre le riche qu'à se laisser corrompre ? A-t-on vu ailleurs que dans les gouvernemens populaires, le foible obtenir justice contre le fort ? Plus la loi seroit sévere contre le maître, moins elle seroit exécutée.

Les hommes (s'il peut être permis de leur donner ce nom) les hommes qui osent assurer dans des livres, & sur-tout dans des mémoires présentés aux gouvernemens, que l'esclavage des Negres est nécessaire, ne manquent guere d'ajouter à leurs ouvrages un petit projet de loix, pour adoucir le sort des malheureux qu'ils outragent : mais eux-mêmes ne croient pas à l'efficacité de ces loix, & ils ajoutent l'hypocrisie à la barbarie. Ils savent bien que tout cet appareil ne sauvera pas aux Negres un seul coup de fouet, n'augmentera

point d'une once leur miferable nourriture.
Mais, colons eux-mêmes, ou vendus aux colons, ils veulent du moins endormir les gouvernemens, arrêter le zele de ceux des gens
en place dont l'ame ne s'eft pas dégradée au
point de regarder comme honnête tout ce
qu'il eft d'ufage de laiffer impuni. Ils fem-
blent craindre, tant ils font honneur à leur
fiecle, que les gouvernemens n'aient pas
affez d'indifférence pour la juftice, & que
la raifon & l'humanité n'aient trop d'empire.

Les loix mêmes que nous avons propofées,
quelques douces qu'elles foient, ne feroient
pas exécutées fi elles étoient perpétuelles, fi
elles exigeoient d'autres preuves qu'une fimple infpection, ou l'avis d'un médecin. Ce
n'eft pas au hafard que nous avons fait dépendre, d'un homme de cet état, l'exécution
de cette partie des loix. C'eft dans cette
claffe feule, qu'on peut efpérer de trouver
dans les colonies, de l'humanité, de la juftice, des principes de morale. Les magiftrats,
les employés des différentes puiffances, font
tous des hommes qui vont chercher aux Ifles
une fortune à laquelle ils ne peuvent prétendre

en Europe (*). S'ils ne font pas des intriguans déja déshonorés, du moins ils font tirés de cette claffe d'hommes avides, remuans & fans moyens, qui produit les intriguans.

Quelques officiers François ont apporté dans leurs colonies une ame pure; mais plus occupés du militaire que des loix, faciles à fe laiffer féduire par l'hypocrifie des colons,

---

(*) Tout homme né fans bien, & qui acquiert une grande fortune, eft néceffairement un homme avide, peu délicat fur les moyens d'acquerir, qui a facrifié fon plaifir & fon repos à fon avarice; plus les moyens de s'enrichir lui ont couté de foins, plus il a été obligé de s'occuper d'affaires d'argent; plus il eft certain que l'amour des richeffes eft fa paffion dominante. Or les ames attaquées de cette paffion peuvent prendre le mafque de toutes les vertus, & même du défintéreffement, mais elles n'en ont réellement aucune. Si vous n'avez befoin que d'une probité commune, on en trouve dans tous les états, dans toutes les fortunes, mais fi vous exigez quelque chofe de plus, ne le cherchez jamais parmi les hommes, qui ayant paffé de l'indigence à une fortune médiocre pour leur état, ne s'y font pas arrêtés.

Nous ne parlons point ici des hommes qui doivent l'augmentation de leur fortune à l'économie.

révoltés de la corruption des Negres, qui fa-
vent moins cacher leurs vices, ont trop peu
philofophes pour fentir que cette corruption
n'eft qu'une raifon de plus pour les plaindre
& pour haïr leurs tyrans (oui, tyrans) tyrans par le fang , par l'intérêt , par l'habitude, ils ont, ou cédé au préjugé qui fait
croire l'efclavage néceffaire , ou manqué du
courage qu'il faut avoir pour s'occuper des
moyens de détruire la fervitude des Negres.
Tel ne craint point la mort, qui craint de
déplaire à ceux dont il eft entouré ; tel brave
le canon dans une bataille, qui n'ofera braver
des ennemis fecrets, accoutumés à fe jouer
de l'humanité. Les Prêtres chrétiens, établis dans les Ifles, foit Evangeliques, foit
Romains, font des intriguans , des fanatiques
ou des ignorans. S'ils connoiffoient les principes de leur religion, s'ils avoient le courage de les fuivre dans la pratique , les miniftres du Saint Evangile recevroient-ils les
colons à la fainte-Cene ? Les prêtres de l'é-
glife romaine les admettroient-ils à l'Eucha-
riftie, leur donneroient-ils l'abfolution ? Eft-
ce que les colons, poffédant des efclaves ,
ne font pas des pécheurs publics , des hom-

mes souillés d'un crime public, qu'ils renou-
vellent tous les jours. Il n'y a pas de milieu,
tout prêtre chrétien qui ne refuse pas, soit
la sainte Cene, soit l'absolution à un posses-
seur d'esclaves, ou n'a point l'idée des de-
voirs de son état, ou a vendu sa conscience
à l'iniquité (*).

Parmi les médecins qui passent la mer, il
y en a un grand nombre qui n'ont été en-
traînés que par l'envie de voir des choses
nouvelles, & si le gouvernement les choisit
avec soin, il peut trouver parmi eux des véritables amis de l'humanité. Il suffiroit ensuite
d'avoir, dans chaque colonie, un défenseur
de la cause des Negres, & alors l'on pourroit
se flatter que les loix, en leur faveur, seroient exécutées. Cette derniere condition

(*) Quoique ministre d'une autre communion,
nous croyons devoir rendre justice à un moine François, de l'ordre des freres prêcheurs. Dans un ouvrage publié il y a quelques années, sur la colonie
de St. Domingue, il a eu le courage de présenter
un tableau vrai de l'horrible barbarie exercée contre les Negres, & une réfutation des calomnies que
leurs maitres s'occupent d'accréditer contre eux en
Europe.

feroit-elle impoffible à remplir, & ne trouve-
roit-on pas, dans toute l'Europe, une dou-
zaine d'hommes qui n'aimaffent point l'or,
& qui ne craigniffent point le fuc de manioc ?

D'ailleurs, en fuppofant que les colons
trouvâffent des moyens d'éluder, en grande
partie, les loix que nous avons propofées,
du moins la durée de l'efclavage ne peut fe
prolonger au-delà de foixante & dix ans. La
loi qui permettroit aux Negres d'acheter leur
liberté, & aux hommes libres de racheter
les Negres, fuivant un tarif ; la loi qui déclareroit libres les Negres à un certain âge,
celle qui affranchiroit leurs enfans avec eux,
toutes ces difpofitions ne peuvent être élu-
dées que par une prévarication ouverte de
la part des juges ; & le crime que commet-
troit le colon, en retenant des Negres libres,
pourroit être prouvé par des preuves juridi-
ques, fans avoir recours, ni aux témoignages des Noirs, ni aux dépofitions plus fuf-
pectes encore, des Blancs. Ainfi, du moins
les maux que les autres difpofitions de la loi
n'auront pu empêcher, auront un terme ; le
nombre des Negres efclaves, & par conféquent
le nombre des crimes, diminueroit chaque

année , & les loix d'adouciſſement , ne ſau-
vaſſent - elles qu'une ſeule victime , elles auroient encore produit un grand bien. En un
mot, ſi l'eſclavage reſte perpétuel, l'appareil
d'une légiſlation douce , en faveur des Negres , peut produire un bien momentané &
foible , mais le mal demeure éternel : ici au
contraire c'eſt le bien qui ſera éternel , & le
défaut d'exécution dans la loi peut rendre les
progrès du bien plus ou moins lents , mais
non les arrêter.

X I.

De la culture après la destruction de l'esclavage.

Il faut considérer ici séparément la culture
par les Negres libres, & la culture par les
Blancs libres ; en effet, il y aura nécessairement dans chaque colonie, pendant les premiers tems, deux peuples dont la nourriture,
les habitudes & les mœurs seront différentes.
Au bout de quelques générations, à la vérité,
les Noirs se confondront absolument avec les
Blancs, & il n'y aura plus de différence que
pour la couleur. Le mélange des races fera
ensuite disparoître à la longue, même cette
derniere différence.

Les Negres esclaves tirent en général la
plus forte partie de leur nourriture de terreins qu'on leur abandonne pour les cultiver.
La même quantité de terrein les nourriroit
libres comme esclaves. On fournit, de plus,
au Negre esclave, quelques alimens tirés du
dehors, quelques vêtemens, & le terrein où

il se construit une chaumiere. Il faudroit que le Negre libre pût, sur son salaire, se procurer un équivalent. Le Negre esclave a coûté à son maître le prix de sa valeur, le Negre libre ne lui a rien coûté, mais il faut que son salaire soit suffisant pour entretenir sa famille. Ces deux objets peuvent se compenser. En effet, dans l'ordre naturel, un homme & une femme produisent un garçon & une fille ; or, la somme que coûte la nourriture d'un garçon & d'une fille jusqu'au tems où ils peuvent gagner leur subsistance par le travail, jointe à ce qu'a pu coûter la nourriture des enfans de la même famille qui sont morts en bas âge, doit être égale ou inférieure à la somme que coûtent un Negre ou une Negresse, sans quoi il y auroit plus d'avantage à acheter des Negres qu'à en élever, ce qui n'est pas. S'il faut que le Negre libre gagne de quoi secourir ses parens dans la vieillesse, ou épargner une ressource pour la sienne, il faut que le maître nourrisse le vieux Negre. La culture par des Negres libres n'est donc pas nécessairement plus chere que par des esclaves. Elle ne l'est, comme nous l'avons dit, que parce que le partage du produit brut

brut se fait dans l'état de liberté, en vertu
d'une convention libre, & dans l'esclavage,
au gré de l'avarice du maître ; que dans l'é-
tat de liberté, c'est la concurrence réciproque
des travailleurs & des propriétaires qui fixe
le prix des salaires, & non le calcul que fait
l'avidité, de l'état de détresse où l'on peut re-
duire un homme, sans diminuer en plus grande proportion la quantité de travail qu'on
peut obtenir de lui à coups de fouet. Mais
il ne faut pas s'imaginer que la difference de
prix entre les deux cultures soit aussi grande
qu'on le croiroit d'abord.

1°. Les terres abandonnées aux Negres
pour leur nourriture sont mal cultivées, &
elles le seroient mieux, si elles leur étoient
affermées comme à des colons libres.

2°. La maniere d'exploiter les terres chan-
geroit à l'avantage du propriétaire, il ne seroit plus obligé de faire valoir par lui-même.
Les dépenses de la fabrique du sucre, les em-
barras de la vente, les avaries ne seroient
plus supportés directement par lui, mais par
des fermiers, des manufacturiers, des com-
merçans, pour qui les dépenses de ce genre
sont toujours bien moins considérables, &

E

qui laisseroient aux propriétaires une partie de ce qu'ils gagneroient sur ces objets. Dans ce système d'exploitation, il y auroit des hommes intéressés à perfectionner la culture, la fabrication des denrées & le profit qui résulteroit du progrès de ces arts, finiroit toujours par produire une augmentation de revenu pour le propriétaire.

3°. Les habitations seroient partageables ; elles pourroient être affermées ou aliénées par parties, leur propriété pourroit devenir le gage des créanciers, & ce changement seroit à la fois un très-grand bien pour les familles des colons, & la source d'un meilleur emploi des terreins.

Ces avantages seroient lents, mais en suivant la marche lente d'affranchissement que nous avons proposée, les pertes des propriétaires seroient aussi successives, & cette perte seroit moindre qu'ils ne le croiroient. La plupart des Negres affranchis se loueroient à bon marché, parce que la plupart ne pourroient être employés à autre chose qu'à la culture, & que tous pouvant y être employés, ils seroient toujours dans le cas des simples journaliers, dont par-tout le salaire, par

cette même raifon , ne peut s'élever au-def-
fus de ce qu'exige le fimple néceffaire. D'ailleurs , d'après des calculs qui nous ont été
communiqués par un homme exact , nous
avons jugé que la valeur des Negres employés fur une habitation , eft à-peu-près égale
au tiers du prix de cette habitation. Suppofons donc que l'effet de notre légiflation foit
de diminuer d'un tiers le revenu du maître ,
elle ne le diminuera que de la valeur des
Negres , c'eft-à-dire , de la valeur en argent
du tort qu'il leur a fait en les privant de leur
liberté. Il ne fera donc privé que de ce qu'il
a ufurpé par un crime , il n'aura réellement
rien perdu , & par conféquent , fi la perte
refte au-deffous du tiers , le colon aura réellement gagné au changement d'adminiftra-
tion.

Quant à la culture par les Blancs.

1°. Les colons pourroient établir fur leurs
habitations des familles blanches , moyennant
des engagemens femblables à ceux qui fe
font dans les colonies Angloifes de l'Amérique feptentrionale.

2°. Les gouvernemens à qui il refte encore , dans les Ifles Françoifes & Efpagnoles,

des terreins dont ils peuvent difpofer, pourroient y établir des familles de Blancs, en
divifant les terreins en petites propriétés.
Dans les premiers tems il feroit néceffaire,
pour les travaux fur le fucre ou l'indigo, de
s'arranger avec un négociant pour l'établiffement d'un moulin ou d'une indigoterie publique.

3º. En France on pourroit permettre aux
Proteftans d'acquerir des habitations, avec
la liberté de l'exercice public de leur religion
dans chaque habitation, ou canton formé de
plufieurs habitations, qui occuperoit cent
hommes, à la condition que ces cent hommes, Blancs ou Noirs, feroient libres. On
pourroit permettre aux Juifs, aux mêmes
conditions, d'acquerir des habitations, & d'y
faire les cérémonies de leur culte. Les Anglois & les Hollandois pourroient accorder
aux Juifs les mêmes avantages. Les Ifles à
Negres d'Amérique ou d'Afrique étant alors
le feul pays foumis à un gouvernement
moderé où un Juif pût avoir une vraie propriété territoriale, cette offre pourroit les
féduire, la condition de ne cultiver que par
des hommes libres ne les effrayeroit pas,

parce qu'il se trouve parmi eux un grand nombre d'individus pauvres & laborieux, qu'ils sont naturellement sobres & économes, & qu'il ne seroit pas difficile à des Juifs riches d'établir des peuplades sur des terres divisées entre des familles auxquelles ils avanceroient les premiers frais de culture & de transport, & avec lesquelles ils partageroient le produit. On pourroit même, pour augmenter la facilité, ne les obliger qu'à affranchir chaque année le sixieme des esclaves perpétuels, ou pour un tems qu'ils trouveroient dans une habitation déja établie. On entendroit par-là le sixieme du nombre des Negres ou Negresses en état de travailler, qui se trouveroient la premiere année dans l'habitation, chaque famille emmenant avec elle ses enfans au-dessous de quinze ans. Par ce moyen l'affranchissement seroit encore très-prompt, & en même tems on donneroit au propriétaire un grand intérêt de conserver ses Negres, puisque la totalité des morts seroit en pure perte pour lui.

Ces derniers moyens manqueroient à l'Espagne, mais l'Espagne ne peut avoir ni lumieres, ni richesses, ni population, ni puis-

fance, tant qu'elle n'aura pas brifé les fers
honteux où l'inquifition y retient la raifon &
l'humanité.

La pofition de l'Efpagne, l'étendue & la
nature de fon fol, la finefle & l'élévation
d'efprit, la force & la grandeur d'ame, qualités naturelles à fes habitans, en auroient
dû faire une des premieres nations du globe.
Mais quel efpoir refte-t-il à ce peuple infortu-
né, chez qui le reftaurateur d'une province
eft condamné juridiquement à demander par-
don aux moines du bien qu'il a fait aux hommes ; où toute vertu publique eft dangereufe ;
où il n'y a de fûreté que pour ceux qui s'age-
nouillent devant un capuchon, à moins qu'ils
ne prennent l'emploi d'efpions & de fatellites
du faint office ; où cet infâme métier ne
déshonore plus ; où les généraux d'armées,
les commandans des flottes n'ofent lire dans
leur tente ou fur leurs bords, que les livres
qu'il plaît à leur aumonier de leur laiffer ;
où les foldats, les officiers, au lieu de féli-
citer ceux qui ont obtenu la gloire de mourir pour la patrie, s'occupent du rifque qu'ils
ont couru en mourant fans confeffion ? Qu'efpérer pour une nation réduite à cet état, &

séduite par les moines, au point de conserver encore son orgueil, & de ne sentir ni son avilissement ni ses malheurs ? Heureuse l'Espagne & l'Europe entiere, si Charles-Quint, au lieu d'écouter la fausse politique qui lui conseilla de troubler l'Europe pour des querelles religieuses, en le flattant d'élever par-là sa puissance sur les débris de ses voisins, il eut pris pour guide une raison plus éclairée, une politique plus saine, s'il n'eût vu dans Luther & ses disciples (*) que des réforma-

_____

(*) On ne peut nier que les premiers réformateurs n'aient conservé, en grande partie, l'esprit fanatique & persécuteur de l'église Romaine. L'assassinat juridique de Servet, machiné de sang-froid par Calvin, l'apologie que Beze en publia dans le tems même où la France étoit couverte d'échafauds, dressés pour les Calvinistes, les supplices préparés en Angleterre aux Antitrinitaires : tous ces crimes ont déshonoré la naissance de la réformation. Mais il ne faut pas oublier que ce Luther, si violent dans ses écrits, si emporté dans sa conduite, ne persécuta personne, que Mélancton prêcha la tolerance & la paix, que Zwingle, qui mourut en combattant pour son pays, eut le courage de s'élever publiquement dans ses sermons contre cet indigne usage, si au-

teurs de l'églife, occupés d'en épurer le
dogme, d'en corriger les abus & d'en arrêter les ufurpations; des hommes en un mot
dont, pour le bonheur des peuples, comme
pour l'intérêt des fouverains, les nations &
les rois devoient fe faire un devoir de diri-
ger le zele & de feconder le courage !

---

cien parmi nos compatriotes, de vendre leur fang
pour des querelles étrangeres.

XII.

Réponse à quelques raisonnemens des partisans de l'esclavage.

SI ces réflexions obtiennent l'approbation des esprits droits, des ames faines, l'auteur fera plus que recompensé. Mais il ne peut croire fa tâche terminée, fans avoir répondu à quelques raisonnemens, d'autant plus faits pour féduire ceux qui ne réfléchiffent pas, qu'ils portent avec eux l'air de la bonhomie & de cette bonne opinion de l'efpece humaine, qui eft devenue fi à la mode, parce qu'on a trouvé très-commode de dire que le mal n'eft pas dans la nature, pour être difpenfé de l'empêcher ou de le réparer.

Après tout, dit-on, les Negres ne font pas fi maltraités que l'ont prétendu *nos décla-mateurs philofophes*; la perte de la liberté n'eft rien pour eux; au fonds ils font même plus heureux que les payfans libres de l'Eu-rope; enfin leurs maîtres étant intéreffés à les conferver, ils doivent les ménager, du

moins comme nous ménageons les bêtes de
somme.

De ces quatre assertions, aucune n'est vraie,
les Negres sont beaucoup plus maltraités qu'on
ne le croit en Europe; j'en juge, non par
les livres qu'impriment leurs maîtres, mais
par les aveux qui leur échappent; j'en juge
par le témoignage d'hommes respectables que
ce spectacle a rempli d'horreur. Je ne prends
pas l'indignation qu'ils montrent pour de la
déclamation, parce que je ne crois pas qu'un
homme doive parler froidement d'excès qui
revoltent la nature. Suivant le principe qu'a-
doptent les partisans de l'esclavage, tout
homme qui a de l'humanité, qui possede
une ame forte ou sensible, devient indigne
de toute croyance, & l'on ne doit accorder
sa confiance qu'à des hommes assez froids &
assez vils pour qu'on soit bien sûr que quelque horreur qu'on exerce en leur présence,
jamais leur ame n'en sera troublée. Je crois
enfin ceux qui ont décrit les horreurs de
l'esclavage des Negres, parce qu'ils sont
exempts d'intérêt, parce qu'on n'en peut
avoir aucun (d'ignoble du moins) à combattre pour les malheureux Noirs. Je rejette

au contraire le témoignage de ceux qui dé-
fendent la caufe de l'efclavage, qui propo-
fent de l'adoucir par des loix, lorfque je
vois qu'ils ont ou qu'ils efperent des emplois
par le crédit des colons, qu'ils ont eux-mêmes des efclaves, qu'enfin ils ont été dans
les Ifles, ou les protecteurs, ou les complices de la tyrannie, & je doute qu'on puiffe
citer en faveur de l'efclavage le témoignage
d'aucun homme tiré d'une autre claffe. Malheur à une caufe qui a contre elle tous ceux
qui n'ont point un intérêt perfonnel de la
foutenir ?

La perte de la liberté eft beaucoup pour
les Negres, il n'y a point d'hommes pour
qui elle ne foit un grand malheur : fans doute
un Negre ne fe tuera point, comme Caton,
pour n'être pas obligé d'obéir à Céfar, mais
le Negre fe tuera, parce que fon maître le
fépare, malgré lui, de la femme qu'il aime,
parce qu'il la force de fe livrer à lui-même,
parce qu'à l'exemple du vieux Caton, il la
proftitue pour de l'argent (*). Les Negres

_____

(*) Plutarque dit que le vieux Caton défendoit à
fes efclaves mâles tout commerce avec des femmes

regrettent leurs fêtes, leurs danſes, leur pareſſe, la liberté de ſe livrer aux goûts, aux
habitudes de leur patrie.

Pour qu'un pays jouiſſe d'une véritable liberté, il faut que chaque homme n'y ſoit ſou-
mis qu'à des loix émanées de la volonté générale des citoyens ; qu'aucune perſonne dans
l'état n'ait le pouvoir, ni de ſe ſouſtraire à
la loi, ni de la violer impunément ; qu'enfin
chaque citoyen jouiſſe de ſes droits, & qu'aucune force ne puiſſe les lui enlever, ſans
armer contre elle la force publique. L'amour
de cette eſpèce de liberté n'exiſte pas dans
le cœur de tous les hommes, & à voir la
maniere dont ſe conduiſent, dans certains
pays, ceux qui en jouiſſent, il n'eſt pas bien
ſûr qu'eux-mêmes en ſentent tout le prix.

_____

étrangeres, & qu'il leur permettoit, moyennant une
certaine taxe, d'avoir des tête à tête avec les femmes eſclaves de ſa maiſon : mais il ne dit pas ex-
preſſément que le produit de cette taxe fût pour
Caton, ce qui cependant eſt très-vraiſemblable, vu
ſon exceſſive avarice.

D'ailleurs, le ſage Caton avoit des mœurs trop
ſéveres pour établir un mauvais lieu dans ſa maiſon,
ſ'il ne lui en étoit revenu aucun profit.

Mais il y a une autre liberté, celle de diſpoſer librement de ſa perſonne, de ne pas dépendre, pour ſa nourriture, pour ſes ſentimens, pour ſes goûts, des caprices d'un homme; il n'eſt perſonne qui ne ſente la perte de cette liberté, qui n'ait horreur de ce genre de ſervitude.

On dit qu'on a vu des hommes préférer l'eſclavage à la liberté, je le crois; c'eſt ainſi qu'on a vu des François à qui on ouvroit la porte de la Baſtille, aimer mieux y reſter que de languir dans la miſere & dans l'abandon. Un payſan eſclave jouit, à des conditions très-dures, d'une maiſon, d'un champ, & cette maiſon, ce champ, ſont à ſon maître. On lui offre la liberté, c'eſt-à-dire qu'on lui offre de le mettre hors de chez lui, de lui ôter le ſeul moyen de ſubſiſter qui ſoit en ſon pouvoir, il eſt tout ſimple qu'il préfere l'eſclavage. Mais n'eſt-il pas à la fois ridicule & atroce de ſoutenir qu'un homme eſt bien, parce qu'il aime mieux ſon état que de mourir de faim ?

On a oſé dire que les Negres ſont mieux, non pas que nos payſans ou ceux d'Angleterre & de Hollande, mais que les payſans de France ou d'Espagne. D'abord quand cela feroit, comme l'exceffive mifere de ces payfans feroit l'euvrage des impôts, des gênes, des prohibitions, qu'on appelle tantôt *police*, tantôt *encouragement des manufactures*, en un mot des mauvaifes loix ; ce raifonnement fe réduit à dire : *Il y a des pays où l'on eft parvenu à rendre des hommes libres plus malheureux que des efclaves, donc il faut bien fe garder de détruire l'efclavage.* D'ailleurs cette allégation eft fauffe. Elle a pu être avancée de bonne foi par des hommes que les miferes publiques, dont ils étoient témoins, avoient révolté : elle peut être le cri d'indignation d'une ame honnête, mais jamais on n'a pu la regarder comme une affertion réfléchie. Dans les pays dont on parle, il y a fans ceffe, à la vérité, une petite partie du peuple qui fe détruit par la mifere, mais il eft fort douteux qu'un mendiant foit plus malheureux qu'un Negre, & fi on excepte les tems de calamités ou les malheurs particuliers, la vie du journalier la plus pauvre eft moins dure, moins malheureufe que celle des Noirs efclaves. Les corvées feules pouvoient mettre quelquefois une partie du peuple de France au-deſſous des Negres. Mais enfin, quand les payſans François ſeroient pendant trente jours par année auſſi malheureux que des Negres, s'enſuit-il que l'eſclavage des Negres ne ſoit pas inſupportable? & ſi l'on a oſé imprimer dans quelques brochures, que le peuple, en France, eſt corvéable & taillable de ſa nature, en faut-il conclure que l'eſclavage des Negres eſt légitime en Amérique? Une injuſtice ceſſe-t-elle de l'être, parce qu'il eſt prouvé qu'elle n'eſt pas la ſeule qui ſe commette ſur la terre?

On a dit encore, le colon intéreſſé à conſerver ſes Negres les traitera bien, comme les Européens traitent bien leurs chevaux. A la vérité on mutile les chevaux mâles, on aſſujettit quelquefois les jumens à des précautions (qu'on prétend que quelques colons ont adoptées pour leurs Negreſſes). On condamne ces animaux à paſſer leur vie ou dans le travail, ou triſtement attachés à un ratelier, on leur enfonce des pointes de fer dans les flancs, pour les exciter à aller plus vîte, on leur déchire la bouche avec un barreau de fer pour les contenir, parce qu'on a découvert que cette partie étoit très-ſenſible;

on les oblige, à coups de fouet, à faire les efforts qu'on exige d'eux ; mais il est sûr qu'à tout cela près les chevaux sont assez ménagés : à moins encore que la vanité ou l'intérêt de leur maître ne le porte à les excéder de fatigue, & que par humeur ou par caprice les palfreniers ne s'amusent à les fouetter. Nous ne parlons pas de leur vieillesse qui ressembleroit beaucoup à celle des Negres, si, par bonheur pour les chevaux, leur peau n'étoit bonne à quelque chose.

Tel est l'exemple qu'on propose sérieusement, pour montrer qu'un esclave sera bien traité, d'après ce principe, que l'intérêt de son maître est de le conserver ! Comme si l'intérêt du maître pour l'esclave, ainsi que pour le cheval, n'étoit pas d'en tirer le plus grand parti possible, & qu'il n'y eût pas une balance à établir entre l'intérêt de conserver plus long-tems l'esclave ou le cheval, & l'intérêt d'en tirer, pendant qu'ils dureront, un plus grand profit. D'ailleurs, un homme n'est pas un cheval, & un homme mis au régime de captivité du cheval le plus humainement traité, seroit encore très-malheureux. Les animaux ne sentent que les coups

ou'

ou la gêne, les hommes fentent l'injuftice &
l'outrage; les animaux n'ont que des befoins,
mais l'homme eft miferable par des priva-
tions; le cheval ne fouffre que de la dou-
leur qu'il reffent, l'homme eft révolté de
l'injuftice de celui qui le frappe. Les animaux ne font malheureux que pour le moment préfent, le malheur de l'homme dans
un inftant embraffe toute fa vie. Enfin, un
maître a plus d'humeur contre fes efclaves
que contre fes chevaux, & il a plus de chofes à démêler avec eux, il s'irrite de la fermeté de leur maintien, qu'il appelle *info-
lence*, des raifons qu'ils oppofent à fes caprices, du courage même avec lequel ils
effuient fes coups & fes tortures; ils peuvent
être fes rivaux, & naturellement ils doivent
lui être préférés.

On m'objectera enfin l'humanité des colons:
on me dira; des hommes diftingués par leur
mérite, honorés de l'eftime publique, revê-
tus des premieres places dans quatre des prin-
cipales nations de l'Europe, ont des poffef-
fions cultivées par des efclaves, & vous les
traitez comme des criminels, qui, chaque
jour qu'ils different de travailler à brifer les

F

fers de leurs Negres, se souillent d'un nouveau crime. Je réponds qu'Aristide, Epaminondas, Caton le jeune & Marc Aurele avoient des esclaves. Quiconque a réfléchi sur l'histoire de la morale, n'a pu s'empêcher de remarquer que l'honnêteté ne consiste, dans chaque nation, qu'à ne pas faire, même étant sûr du secret, ce qui seroit déshonorant s'il étoit connu du public. Qu'une action criminelle par elle-même, ne soit pas déshonorante dans l'opinion, on la commet sans remords. Cette morale, dont on porte la sanction dans le cœur, & dont la raison éclairée dicte les maximes, cette véritable morale de la nature n'a jamais été, chez aucun peuple, que le partage de quelques hommes.

Les Européens, propriétaires des colonies, sont à plaindre d'être conduits par une fausse conscience, & d'autant plus à plaindre qu'elle auroit dû être ébranlée par les reclamations des défenseurs de l'humanité, & que sur-tout ce n'est pas contre leurs intérêts, mais pour leur avantage que cette fausse conscience les fait agir (*).

_____

(*) Voyez mon *Sermon sur la fausse conscience*, imprimé à Yverdon en 1773.

Les préjugés sur l'esclavage des Negres sont en-

Quant à l'humanité qu'on suppose aux maîtres des Noirs, j'avoue que j'ai connu des

---

core si enracinés dans certaines parties de l'Europe, qu'on y a vu des ministres qui se piquoient d'humanité & de vertu, recevoir la dédicace d'ouvrages où l'on faisoit l'apologie de cette coutume barbare. Il y a même des gens qui sont de si bonne foi sur cet article, qu'un négociant s'avisa de proposer, il y a quelques années, à un ministre révéré en Europe pour ses lumieres & pour ses vertus, de donner son nom à un vaisseau destiné à la traite des Negres. On sent quelle dût être la réponse du ministre.

Lorsque j'ai écrit cette note, la mort n'avoit point enlevé à la France, à l'Europe, au monde entier, le seul homme peut-être dont on ait pu dire que son existence étoit nécessaire à l'humanité. Il avoit embrassé, dans toute son étendue, le systême des sciences, d'où dépend le bonheur des hommes. Il avoit donné pour base à ces sciences un petit nombre de vérités simples, puisées dans la nature de l'homme ou des choses, & susceptibles de preuves rigoureuses. La décision de toutes les questions de droit public, de législation, d'administration, devenoit une conséquence nécessaire & jamais arbitraire de ces principes: il n'avoit rien trouvé qui ne pût, qui ne dût être réglé par les loix inflexibles de la justice, & il avoit assujetti le systême social

Anglois & des François très-humains, mais
ils vivoient en Europe, & leur humanité étoit

à des loix générales & rigoureuses, comme celles
qui gouvernent le systéme du monde.

Il ne cherchoit point, comme les anciens légis-
lateurs, à dénaturer l'homme pour le rendre plus
grand, mais il vouloit le rendre heureux & sage en
lui apprenant à écouter la raison, à connoître, à
aimer la justice, à suivre la nature. Si ses idées,
si ses vues périssent avec lui, le genre humain, qui
n'a jamais fait de perte plus grande, n'en aura jamais fait de plus irréparable.

Dans un ministere très-court, on l'a vu assurer la
subsistance du peuple, en rendant la liberté au commerce des grains, rétablir les possesseurs de terres
dans leurs droits de propriété, en leur rendant celui de disposer librement des productions de leur sol ;
& restituer en même tems aux hommes qui vivent
de leur travail, la libre disposition de leurs bras,
de leur industrie, espece de propriété non moins
sacrée, dont l'établissement des corps de métier &
leurs réglemens les avoient privés. Il a détruit la
servitude des corvées, servitude qui place le peuple dans un état pire que celui des bêtes de somme,
puisqu'après tout on nourrit l'animal qu'on force au
travail. Toutes ces loix, qui auroient suffi pour il-
lustrer un ministere de vingt ans, ont été l'ouvrage
de vingt mois, & ce n'étoit que les premiers traits

d'une foible reſſource à de malheureux eſclaves, livrés en Amérique à des régiſſeurs.

———— ———— ———— ———— ———— ————

du plan le plus vaſte, le mieux combiné qu'aucun
légiſlateur n'ait jamais conçu pour le bonheur d'une
grande nation. Les moyens de l'exécution auroient
été ſimples, & cette heureuſe révolution ſe feroit
exécutée en peu d'années, ſans expoſer la tranquillité publique, ſans qu'il en coutât rien à la juſtice.

Tout ce que la fourberie peut inventer de petites ruſes, fut employé par les ennemis du bien
public, pour exciter contre lui des orages ; ils réuſ-
ſirent au-delà de leurs eſpérances, & ces orages
ne ſervirent qu'à faire admirer davantage les ta-
lens, le courage & les vertus du grand homme
dont ils craignoient les lumieres & l'incorruptible
équité.

Il eſt le ſeul de tous les hommes d'état qui n'ait
eu d'autre regle de politique que la juſtice, d'autre art que de préſenter la vérité avec clarté &
avec force, d'autre intérêt que celui de la patrie,
d'autre paſſion que l'amour du bien public. S'il
abhorroit cette politique infâme qui trompe une
nation, pour augmenter la richeſſe ou la puiſſance
du prince, la politique inſidieuſe qui tromperoit le
prince pour augmenter la liberté du peuple, étoit
indigne de ſon caractere. Toute charlatanerie lui
paroiſſoit une fourberie, moins coupable peut-être

F iij

Les maîtres reſſemblent à ces ſouverains dont le cœur eſt bon , mais au nom de qui on brûle,

---

que beaucoup d'autres , mais plus ridicule & plus honteuſe. Il ne croyoit pas que l'amour de la gloire méritât d'être le mobile des actions d'un homme de bien, tant que les hommes ne feroient pas aſſez éclairés pour n'honorer de cette recompenſe que ce qui eſt vraiment utile.

Jamais homme n'a reçu une ame , à la fois , plus calme & plus ſenſible , n'a réuni plus de force à plus de bonté, plus d'indulgence pour les autres à plus de ſévérité pour lui-même , plus d'empire ſur ſes paſſions à plus de franchiſe , plus de prudence ou de reſerve à une haine plus forte contre tout ce qui avoit l'apparence de la fauſſeté & de la diſſimulation. Il avoit ſacrifié l'eſpérance d'une fortune immenſe à ſon reſpect pour la vérité , ſa ſanté & ſes goûts au deſir de ſervir l'humanité , enfin ſa place , ſa gloire même , du moins pendant ſa vie , & juſqu'à l'eſpérance de faire le bien , à la ſérénité de ſes principes.

Juſte envers ſes ennemis , mais ſans prétendre à être généreux , il ne ſe croyoit point permis de faire grace à un méchant ou de le ménager , parce qu'il avoit à s'en plaindre. Toute eſpece d'exagération , d'oſtentation , étoit étrangere à ſon caractere , il avoit ces défauts en horreur , parce qu'il croyoit y voir plus de fauſſeté encore que d'orgueil. Perſonne

on brife des hommes vivans, d'un bout de leurs états à l'autre, parce que ces fouverains fe conduifent, non d'après leur propre cœur, mais d'après les préjugés ou la politique

----

n'a eu de lumieres plus étendues, plus variées ; perfonne n'a eu le courage d'approfondir plus d'objets différens, n'a remonté plus loin vers les premiers principes de toutes les connoiffances, n'en a fuivi les conféquentes avec plus de fagacité & de juftefse. Il feroit difficile de nommer une queftion importante fur laquelle il n'eut une opinion arrêtée, qu'il s'étoit formée d'après lui-même, ou qu'il ne put refoudre d'après fes principes. Jamais homme n'a poffedé un efprit plus étendu, plus profond, plus jufte, une ame plus douce, plus pure, plus courageufe. Peut-être a-t-il exifté des hommes d'un auffi grand génie, d'autres auffi vertueux, auffi grands, mais jamais dans aucun la nature humaine n'a plus approché de la perfection.

Ceux qui, pendant fa vie, l'ont haï à caufe du bien qu'il pouvoit faire, ceux qui, dans le délire de leur orgueil, ont ofé être jaloux de lui, pardonneront, à préfent qu'il n'eft plus à craindre, le témoignage que rend à fa mémoire un étranger qu'uniffoit avec lui une paffion commune pour le bien de l'humanité, & qui, dans fes voyages en France, a joui du bonheur de l'entendre développer fes vues & montrer fon ame toute entiere.

de leurs miniftres. L'humanité de la plupart des hommes fe borne à plaindre les maux qu'ils voient, ou dont on leur parle, & quelquefois à les foulager. Mais cette humanité, qui cherche fur la terre entiere où il exifte des malheureux, pour les défendre & pour s'élever contre leurs tyrans, cette humanité n'eft pas dans le cœur de tous les hommes, & c'eft la feule cependant qui pourroit être utile aux efclaves de l'Amérique s'ils la trouvoient dans un de leurs maîtres; alors regardant le bonheur de fes efclaves comme un devoir dont il eft chargé, & la perte de leur liberté & de leurs droits comme un tort qu'il doit reparer, il voleroit dans fon habitation, y abdiquer la tyrannie d'un maître, pour ne garder que l'autorité d'un fouverain jufte & humain, il mettroit fa gloire à changer en hommes fes efclaves; il en formeroit des ouvriers induftrieux, des fermiers intelligens. L'efpoir d'un gain légitime, le defir de rendre l'exiftence de fa famille plus heureufe, feroient les feuls aiguillons du travail. Les chatimens employés par l'avidité, & infligés par le caprice, ne feroient plus que la punition des crimes, punition décernée par des juges, choisis parmi les Noirs. Les vices des esclaves disparoî-troient avec ceux du maître; bientôt il se trouveroit au milieu d'amis attachés à lui jusqu'à la passion, fideles jusqu'à l'héroïsme. Il montreroit, par son exemple, que les terres les plus fertiles ne sont pas celles dont les cultivateurs sont les plus miserables, & que le vrai bonheur de l'homme est celui qui ne s'achete point aux dépens du bonheur de ses freres. Au bruit des fouets, aux hurle-mens des Negres, succéderoient les sons doux & tendres de la flûte des bords du Niger. Au lieu de cette crainte servile, de ce res-pect plus humiliant pour celui qui le reçoit, que révoltant pour ceux que la force contraint à le rendre; au lieu de ce spectacle de ser-vitude, de férocité, de prostitution & de misere, que sa présence a fait disparoître, il verroit naître autour de lui la simplicité gros-fiere, mais ingénue de la vie patriarcale; par-tout des familles heureuses de travailler & de se reposer ensemble, viendroient frapper ses regards attendris. Le sentiment de l'honnê-teté, l'amour de la vertu, l'amitié, la ten-dresse maternelle ou filiale, tous les sentimens doux, tendres ou généreux qui viendroient charmer ou embellir l'ame de ces infortunés, ou plutôt leur ame entiere seroit son ouvrage, & au lieu d'être riche du malheur de ses esclaves, il seroit heureux de leur bonheur.

J'ai rencontré quelquefois des maîtres Américains, accoutumés à vivre dans les habitations, & il m'a suffi de leur avoir entendu parler une ou deux fois des Negres, pour sentir combien ceux-ci devoient être malheureux (*). Le mépris avec lequel ils en

—————————————————————

(*) Si vous les interrogez, ils vous diront que les Negres font une canaille abominable, qu'on les traite très-bien, que toutes les atrocités qu'on impute en Europe à leurs maîtres font autant de contes. Mais ne les interrogez pas, gardez-vous surtout de contredire leurs principes de tyrannie, faites-vous la violence de vous taire, de contraindre votre visage, alors vous entendrez d'eux la vérité. Ils vous raconteront, fans y penser, ce qu'ils n'auroient ofé vous répondre.

Nous rapporterons ici deux traits, qui prouvent à la fois, combien les Européens font éloignés, en général, de regarder les Noirs comme leurs semblables, & que cependant on peut citer quelques exceptions honorables pour l'espece humaine. En 1761,

parlent, eſt une preuve de la dureté avec laquelle on les traite. D'ailleurs, les habitations

———————————

le vaiſſeau l'*Utile* échoua ſur l'Iſle de Sable. M. de
la Fargue, capitaine, ſes officiers, & l'équipage,
compoſé de Noirs & de Blancs, employerent ſix
mois à conſtruire une eſpece de chaloupe. Elle ne
pouvoit contenir que les Blancs. Trois cents Noirs,
hommes ou femmes, conſentirent à leur départ, &
à reſter ſur l'Iſle, avec la promeſſe ſolemnelle qu'auſ-
ſitôt l'arrivée de M. de la Fargue à l'iſle de France,
les Blancs enverroient un vaiſſeau pour ramener leurs
malheureux compagnons. La chaloupe arriva heu-
reuſement à Madagaſcar, on demanda un vaiſſeau à
l'adminiſtration de l'Iſle de France, pour aller chercher les Noirs, laiſſés dans une iſle preſqu'entiere-
ment couverte d'eau à chaque marée, où l'on ne
trouve ni arbres ni plantes, où ces trois cents Noirs
n'avoient pour lit qu'une terre humide, & pour nourriture que des coquillages, des œufs d'oiſeaux de
mer, quelques tortues, le poiſſon & les oiſeaux
qu'ils pouvoient prendre à la main. M. Des Forges,
alors gouverneur de l'Iſle de France, refuſa d'en-
voyer un vaiſſeau, ſous prétexte qu'il couroit riſque
d'être pris. En 1776, après treize ans de paix, M.
le chevalier de Ternai envoya M. Tromelin, lieute-
nant de vaiſſeau, ſur la corvette la *Silphide*, chercher les reſtes de ces infortunés, abandonnés depuis quinze ans. Il ne paroit pas que dans l'intervalle

font gouvernées par des procureurs, efpeces d'hommes qui vont chercher la fortune hors

---

on eût fait aucune tentative férieufe. M. Tromelin, arrivé près de l'Ifle de Sable, détacha une chaloupe, commandée par M. Page, elle aborda heureufement. On trouva encore fept Negreffes & un enfant né dans l'Ifle, les hommes avoient tous péri, foit de mifere & de défefpoir, foit en voulant fe fauver fur des radeaux, conftruits avec les reftes du vaiffeau l'Utile. Ces Negreffes s'étoient fait des couvertures avec les plumes des oifeaux qu'elles avoient pu furprendre. Une de ces couvertures a été préfentée à M. de Sartine.

En 1757, M. Moreau, commandant le Favori, reconnut les Ifles *Adu*, il y envoya, dans un canot, M. Riviere, officier de fon bord, deux Blancs & cinq Noirs. Les courans ayant entraîné le vaiffeau hors de fa route, M. Moreau fe crut obligé d'abandonner fon canot. Les huit hommes, laiffés fur les ifles *Adu*, prirent le parti de remplir le canot de cocos, & d'effayer de gagner l'Inde. On attacha au canot un radeau, chargé auffi de noix de cocos, mais au bout de trois jours, la mer étant trop forte, on fut obligé de l'abandonner. Alors, comme la provifion ne pouvoit pas fuffire pour les huit hommes, les Blancs propoferent à M. Riviere de jetter les Noirs à la mer. Il rejetta cette propofition avec horreur, dit que le malheur les avoit rendus tous

de l'Europe, ou parce que toutes les voies
honnêtes d'y trouver de l'emploi leur font
fermées, ou parce que leur avidité infatiable
n'a pu fe contenter d'une fortune bornée.
C'eft donc à la lie de nations déja très-
corrompues, que les Negres font abandonnés. Enfin, fouvent les Negres font mis à la
torture en préfence des femmes & des filles
des colons, qui affiftent paifiblement à ce
fpectacle, pour fe former dans l'art de faire
valoir les habitations; d'autres Negres ont
été les victimes de la férocité de leurs maîtres. Plus d'une fois on en a fait brûler dans

----

égaux, que les cocos feroient diftribués également
entre tous, & qu'ils périroient ou fe fauveroient
enfemble. Il n'y avoit que pour treize jours de vivres, la traverfée fut de vingt-huit, ils arriverent
enfin près de Calicut, à l'embouchure d'une riviere,
mourans de faim & de fatigues, leur canot fe rem-
plit d'eau en paffant la barre, mais tous furent fau-
vés. M. Riviere reprit bientôt fes forces & fa fanté,
& continua de fervir. Lorfque plufieurs années après
on lui faifoit des queftions fur cette aventure & fur
le capitaine qui l'avoit abandonné. J'ai fait vœu
dans mon malheur, répondoit-il, de ne parler de
lui ni en bien, ni en mal.

des fours ; & ces crimes, qui méritoient la
mort, font tous demeurés impunis, & il n'y
a pas eu, depuis plus d'un fiecle, un feul
exemple d'un fupplice infligé à un colon pour
avoir affaffiné fon efclave. On pourroit dire,
que ces crimes cachés dans l'intérieur des
habitations ne pouvoient être prouvés, mais
les Blancs fe permettent de tuer les Negres
marons, comme on tue des bêtes fauves ; ce
crime fe commet au-dehors, il eft public &
il refte impuni ; & non-feulement, jamais
une feule fois la tête d'un de ces monftres
n'eft tombée fous le fer de la loi, mais ces
actions infâmes ne les déshonorent point entr'eux, ils ofent les avouer, ils s'en vantent,
& ils reviennent tranquillement en Europe
parler d'humanité, d'honneur & de vertu.
Il peut y avoir eu quelquefois des maîtres
humains en Amérique, mais parce que Cice-
ron, dans l'ancienne Rome, traitoit fes efclaves avec humanité, ne devons-nous plus
détefter la barbarie des Romains envers leurs
efclaves : & quand nous favons qu'il exifte
des milliers d'infortunés, livrés à des hommes vils & méchans, qui peuvent impunément leur faire tout fouffrir, jufqu'à la torture

ou à la mort, qu'avons-nous befoin de connoître les détails des habitations, pour favoir
tout ce que ces infortunés éprouvent d'outrages, pour avoir droit de nous élever contre
leurs tyrans, & pour être difpenfés de plaindre les colons, quand même l'affranchiffement entraîneroit leur ruine abfolue. Il s'agit
pour le Negre de la liberté, de la vie; il ne
s'agit pour l'Européen que de quelques toñ-
nes d'or, & c'eft le fang de l'innocent qu'on
met en balance avec l'avarice du coupable.
Doux apologiftes de l'efclavage des Noirs,
fuppofez vous pour un inftant aux galeres, &
que vous y foyez injuftement, fuppofez enfuite que votre bien m'ait été donné; que
penferiez-vous de moi, fi j'allois mettre en
principe que vous devez refter toujours à la
chaîne quoiqu'innocens, parce qu'on ne peut
vous en faire fortir fans me ruiner? Voilà
cependant le beau raifonnement avec lequel,
dans vos mémoires clandeftins, vous com-
battez les intentions bienfaifantes des rois &
des miniftres, vous furprenez, dans les pays
où la preffe n'eft point libre, des défenfes de
combattre vos principes criminels, & certes
en cela du moins, vous vous êtes rendu juftice.

C'eſt ſur-tout pour ces pays où la vérité eſt captive que j'ai écrit cet ouvrage, & je l'ai écrit dans une langue étrangere pour moi, mais que les ouvrages des poëtes & des philoſophes François a rendu la langue de l'Europe. Cette protection accordée à l'avarice, contre les Negres, qui eſt en Angleterre & en Hollande, l'effet de la corruption générale de ces nations, n'a pour cauſe, en Eſpagne & en France, que les préjugés du public, & la ſurpriſe faite aux gouvernemens que l'on trompe également, & ſur la néceſſité de l'eſclavage, & ſur la prétendue importance politique des colonies à ſucré. Un écrit fait par un étranger peut ſur-tout être utile pour la France. Il ne ſera pas ſi facile d'en détruire l'effet d'un ſeul mot, en diſant, qu'il eſt l'ouvrage d'un philoſophe. Ce nom, ſi reſpectable ailleurs, eſt devenu une injure dans cette nation, & de combien de choſes auſſi n'y accuſe-t-on pas les philoſophes? Si quelques écrivains ſe ſont élevés contre l'eſclavage des Negres, ce ſont des philoſophes, a-t-on dit, & on a cru leur avoir répondu. A-t-on propoſé d'abolir l'uſage dégoutant & meurtrier de paver de

morts

morts l'intérieur des églises, d'entasser les cadavres au milieu des villes? ces idées viennent des philosophes. Quelques personnes se font-elles souftraites, par l'inoculation, aux dangers de la petite verole? c'est par l'avis des philosophes. Ce font les philosophes qui ont fait supprimer les fêtes, les céleftins & les jéfuites, & qui ont effayé de répandre l'opinion abfurde, que le monde pourroit fubfifter quand même il n'y auroit plus de moines? Si un hiftorien parle avec indignation des maffacres des Albigeois ou de la St. Barthelemi, des affaffinats de l'inquifition, des docteurs qui déclarerent Henri IV déchu du trône, & qui aiguiferent contre lui tant de poignards, fur le champ on dénonce cet hiftorien comme un philofophe *ennemi du trône & de l'autel.* Si on a fupprimé depuis peu l'ufage de brifer les os des accufés entre les planches, pour les engager à dire la vérité, c'eft que les philofophes ont déclamé contre la queftion, & c'eft malgré les philofophes que la France a eu le bonheur de fauver un débris des anciennes loix, & de conferver l'habitude précieufe d'appliquer à la torture les criminels con-

damnés. Ce font des philofophes qui, ont
voulu abolir les corvées, & c'eft encore leur
faute fi, malgré le rétabliffement de cette
méthode, elle s'éteint peu-à-peu; à peine,
en fubftituant un impôt aux corvées, a-t-on
pu fauver de leurs mains deftructives le jufte
& antique ufage de n'en faire tomber le
poids que fur les roturiers. Qui eft – ce qui
ofe fe plaindre en France de la barbarie des
loix criminelles, de la cruauté avec laquelle
les proteftans François font privés des droits
de l'homme & du citoyen, de la dureté &
de l'injuftice des loix fur la contrebande &
fur la chaffe? ce font les philofophes. Qui a
pu avoir la coupable hardieffe de prétendre
qu'il feroit utile au peuple & conforme à la
juftice de rendre la liberté au commerce &
à l'induftrie? Quels font ceux qui ont ré-
clamé, pour chaque propriétaire, le droit
illimité de difpofer de fa denrée; pour chaque homme, le droit illimité de difpofer de
fes forces? On voit bien que ce font fûre-
ment les philofophes. Et fi quelques perfon-
nes ont pouffé la fcélérateffe jufqu'à dire à
l'oreille, que le roi, en rendant la liberté
aux ferfs du domaine public, devoit com-

prendre dans ce nombre les cerfs du clergé, & qu'il en avoit le droit, puisque les biens du clergé sont une partie du domaine public, si elles ont même ajouté qu'il seroit utile au peuple d'employer le bien du clergé, qui appartient évidemment à la nation, à payer les dettes de la nation, ces blasphêmes ne sortent-ils pas nécessairement de la bouche d'un philosophe? Voilà ce que j'ai entendu dire à plusieurs abbés, dans plusieurs anti-chambres, dans le dernier séjour que j'ai fait en France. En vérité, il faut que ceux qui s'accordent à attribuer aux philosophes de pareilles atrocités, se soient formé de la philo-sophie une idée bien abominable.

N.

www.ingramcontent.com/pod-product-compliance
Lightning Source LLC
Chambersburg PA
CBHW052047270326
41931CB00012B/2670